T0098928

DANS LA MÊME COLLECTION

QU'EST-CE QUE LA SAGESSE ?

COMITÉ ÉDITORIAL

CHEMINS PHILOSOPHIQUES

Collection dirigée par Roger POUIVET

Anne **BAUDART**

QU'EST-CE QUE LA SAGESSE ?

Paris

LIBRAIRIE PHILOSOPHIQUE J. VRIN

6, place de la Sorbonne, V^e

2013

ÉPICTÈTE, *Entretiens*, Livre II, 19, § 20 à 28, in *Les Stoïciens,*
tome II, traduction E. Bréhier
© Paris, Éditions Gallimard, 1997

Pierre HADOT, « Un dialogue interrompu avec Michel Foucault.
Convergences et divergences », *Exercices spirituels et philosophie
antique*, p. 305-311
© Paris, Éditions Albin Michel, 2002

© *Librairie Philosophique J. VRIN,* 2013
Imprimé en France
ISSN 1762-7184
ISBN 978-2-7116-2485-0

www.vrin.fr

QU'EST-CE QUE LA SAGESSE ?

En des temps désireux d'évacuer toute référence à une transcendance vécue comme menace de spoliation de la puissance humaine, comment prétendre rechercher aujourd'hui encore l'essence de ce que les Anciens chérissaient plus que tout, la sagesse? Comment pouvoir affirmer aujourd'hui encore que la sagesse et sa quête sans fin interpellent encore fortement nos contemporains, par-delà les dénégations d'apparence, plus que de réalité?

Souvent référée à l'appréhension de la mort, la quête de sagesse, de sérénité, au moment de l'ultime passage, prend sens et contours dans les questions les plus existentielles, qui hantent l'humanité d'hier et d'aujourd'hui. Pourquoi vivre, souffrir, pourquoi mourir, pourquoi le mal infligé à l'innocence des individus ou des collectivités? Est-il un sens à l'existence humaine? Vaut-il la peine de vivre, tout simplement? Le sage paraît détenir des réponses plus convaincantes à terme que celles des doctes. Il attire, il séduit, il apaise, il peut guérir, il sauve aussi du désespoir. Il console de la dérision de l'existence, aide à l'assumer, voire à la transfigurer. Pourquoi l'Orient et l'Occident ont-ils à ce point honoré le Sage au point d'en faire un Maître de vérité, un directeur de conscience, un maître de vie spirituelle? Détient-il une science ou un art propres dont il convient aujourd'hui de sérier les traits pour mieux approcher la nature de la sagesse elle-même?

CULTURE DE LA SAGESSE

CHAPITRE PREMIER

TYPOLOGIE ET HISTOIRE

TRAITS

Idéalité et réalité

La sagesse semble renvoyer, en effet, à un type d'homme différent des autres dans l'attitude, la préoccupation, les centres d'intérêt théoriques ou pratiques. Elle renvoie même chez certains philosophes, comme Kant, à l'idéal de la raison humaine. L'idée pure du sage, l'idée *in individuo*, définition de l'idéal kantien, sert à mesurer l'écart existant entre la factualité, toujours plus ou moins décevante, et l'idéalité pure, le paradigme théorique et abstrait de la sagesse. Vertu et sagesse sont des idées pures, *a priori*, le sage est un idéal, « un homme qui n'existe que dans la pensée, mais qui correspond pleinement à l'idée de sagesse [1] ». Cet « homme divin » que la raison de chacun porte en soi et dont la conduite vise la

---

1. Kant, *Critique de la raison pure*, trad. fr., A. Tremesaygues et B. Pacaud, 1980, Paris, P.U.F., p. 413-414.

perfection, sert de norme régulatrice à nos actions, nos attitudes, nos dires ou nos silences.

Kant s'appuie sur l'exemple du sage cher au stoïcisme, paradigme de maîtrise et de volonté, de vertu, de soumission consentie à la nécessité globale et locale, modèle d'ataraxie, d'apathie – aucun mal ne l'atteint –, de philanthropie, de grandeur d'âme. Le XVIIIᵉ siècle est encore très fortement marqué par les portraits du Sage cultivés aux âges hellénistique et romain, laissés à notre méditation autant par Sénèque, qu'Épictète ou Marc Aurèle. À cette différence près que la sagesse et le sage siègent pour Kant, au monde des Idées, des Idéaux, fruits de la raison humaine. Ils ne sont pas des chimères, divagations de l'imagination, des illusions plus ou moins mensongères, ni des réalités d'observation sensible.

La *Critique de la Raison pratique* réfléchit sur « l'héroïsme du sage (stoïcien) » qui, par la vertu – le principe pratique suprême, la condition du souverain bien –, pense pouvoir s'élever complètement au-dessus de la nature animale de l'homme. Les stoïciens « avaient élevé le pouvoir moral de *l'homme* sous le nom de *sage*, au-delà de toutes les bornes de sa nature … Ils avaient fait de leur *sage* une sorte de divinité, que la conscience de l'excellence de sa personne rend tout à fait indépendante de la nature[1] ». Ils négligeaient cependant par trop le rapport au bonheur, en poussant à la limite l'affranchissement, par la volonté, de toute entrave à la réalisation de leur idéal. Or c'est leur idéal qui leur insufflait cette énergie. L'on comprend sans mal que la sagesse soit définie par Kant théoriquement comme « la connaissance du souverain bien » et pratiquement comme « la conformité de la volonté au

---

1. Kant, *Critique de la raison pratique*, trad. fr., J. Gibelin, Paris, Vrin, 1965, première partie, livre II, chap. 2, p. 141.

souverain bien[1] ». Raison pure, théorique, et raison pure, pratique, forment ici une combinatoire féconde à l'instar de celle que les philosophes antiques aimaient célébrer à leur manière.

Les idéaux, guides pour la vie des hommes, règles et prototypes pour l'action ou le jugement, se révèlent indispensables. L'idée pratique montre sa fécondité dans l'action réelle. L'homme ne peut s'accomplir sans elle. L'idée de sagesse et l'idéal du sage inspirent qui se met à leur école et à leur écoute. Ils détiennent une réelle « force pratique » comme principes régulateurs et leur nécessité, comme postulats de la raison pure pratique, n'en est que plus avérée. La doctrine kantienne de la sagesse, comme chez les Anciens, renvoie à la doctrine de la science qu'est la philosophie, éprise du souverain bien, et à la conduite à suivre pour s'en approcher ou l'acquérir, puis s'y tenir. Les derniers mots de la *Critique de la raison pratique* sont rien moins qu'éloquents : « La sagesse est la propriété qu'a une volonté de s'accorder avec le souverain bien comme fin ultime de toutes choses ». Le peut-elle en totalité, le veut-elle ? La sagesse (*Weisheit*) s'achève-t-elle alors en sainteté (*Heiligkeit*) ou sont-elles les deux faces d'un même idéal ?

Sagesse et sainteté

Kant rapproche souvent ces deux vocables, jusqu'à avouer les identifier conceptuellement parfois[2]. La loi morale, est dite sainte, au sens d'inviolable, d'inflexible, requérant la sainteté

----

1. Kant, *Critique de la raison pratique*, *op. cit.*, p. 144.
2. Kant, *Critique de la raison pratique*, *op. cit.*, p. 22, note 1 : « J'ai distingué l'idée de *sagesse*, de l'idée de *sainteté*, quoiqu'au fond et objectivement, je les ai déclarées moi-même comme étant identiques ».

des mœurs. Mais l'homme, pour parvenir à l'action morale, doit lutter contre ses inclinations, la force de ses intérêts sensibles. La sagesse procède d'un combat contre ce qui en détourne. La sainteté, elle, est au-delà de tout combat. Si elle a connu la lutte, elle en est sortie victorieuse.

La morale est dite, par Kant, conduire insensiblement à la religion, car elle reconnaît « tous les devoirs comme des ordres divins », non des ordres arbitraires et contingents. Elle vainc les petitesses, les faiblesses, les pressions de tous ordres qui pavent la vie sensible et meuvent l'humaine condition. Elle peut alors se définir comme un appel exigeant vers la sainteté. L'idée d'humanité (*Menschheit*) comme dignité présente un caractère de sainteté. Elle élève l'homme vers ce qui transcende l'ordre des attraits, des rejets, des sympathies, des antipathies. Elle ouvre à l'universel de l'amour pratique, du respect de soi et d'autrui. « L'homme est *assez peu saint*, mais il faut que *l'humanité* soit sainte pour lui en sa personne[1] ». L'idée de l'humanité comme fin en soi, irréductible à la chosification par intérêt, calcul ou plaisir, le guidera vers l'excellence de la conduite éthique et la visée aboutie de l'amour pratique.

Kant définit l'entière conformité de la volonté à la loi morale comme étant la sainteté, c'est-à-dire « la perfection dont aucun être raisonnable du monde sensible n'est capable en aucun moment de son existence[2] », mais vers laquelle il doit constamment tendre. *Stricto sensu*, Dieu peut être dit le seul Saint, mais aussi le seul Sage, parce que ces concepts impliquent l'illimitation ! Là encore, Kant a retenu la leçon des

1. *Ibid.*, p. 99.
2. *Ibid.*, p. 136.

Anciens. Le *philosophos*, le chercheur de sagesse, n'est pas le *sophos*, le sage pleinement accompli, le dieu.

Le sage n'est pas immédiatement le saint ou le héros, même s'il peut parfois combiner des attributs afférents aux trois. Le Saint de l'Évangile, le fils de Dieu, par exemple, doit d'abord être référé à l'idée de pure perfection morale inhérente à la raison humaine pour être pleinement reconnu comme tel[1]. C'est l'idée qui crédite le modèle d'une valeur souveraine, non son exemplarité empirique ou existentielle. L'invisible donne alors sa pleine signification au visible. Mais la sagesse n'est-elle qu'une Idée belle et pure ? Le sage n'est-il qu'un Idéal de la raison ? Le Saint n'est-il que la personnification de l'Idée et de l'Idéal, l'incarnation du Souverain Bien ? Si la sagesse se réduisait à l'idéalité, comment comprendre que des courants de pensée à caractère multiséculaire l'aient désignée comme un des vecteurs centraux de l'action comme de la réflexion ?

Vertu cardinale en l'individu comme en la cité, procédant, dans les deux sphères, du commandement de la raison (*logistikon*), aux côtés du courage, de la tempérance et de la justice, comme la présente Platon dans le livre IV de la *République*, la sagesse (*sophia*) peut désigner aussi la philosophie elle-même, non pas dans une de ses parties, mais dans sa totalité (*République*, V, 475 b). Des hommes l'ont chantée, incarnée, diffusée, léguée à la postérité comme le plus beau testament ou le plus beau trésor. La tradition s'enorgueillit encore aujourd'hui de ce legs multiséculaire.

---

1. Kant, *Fondements de la métaphysique des mœurs*, trad. fr., V. Delbos, Paris, Delagrave, 1962, p. 115-116. Voir aussi Kant, *Fondements de la métaphysique des mœurs*, trad. fr., V. Delbos, préface par M. Castillo, Paris, Le Livre de poche, 1993, p. 77-78 et *La religion dans les limites de la simple raison*, trad. fr., J. Gibelin, Paris, Vrin, 1983, p. 100-101.

TYPES

Socrate et Jésus : Le Sage et le Saint ?

Bergson, dans *Les deux sources de la morale et la religion*, voit en Socrate un mystique d'une rationalité suspendue à « quelque chose qui semble dépasser la raison », un moraliste religieux, rigoureux et intègre, un sage vivant de nos jours encore, dans chaque philosophe comme dans chaque homme épris de philosophie. Un homme si intègre que le monde, pendant un temps, pouvait se demander lequel, de Socrate ou de Jésus, allait l'emporter comme modèle de perfection. La métaphysique grecque néoplatonicienne et la métaphysique chrétienne se livrent combat aux IIᵉ et IIIᵉ siècles à Alexandrie, par exemple. Les modèles du Sage et du Saint s'affrontent jusqu'à vouloir s'absorber, nier leurs différences, en proie l'un et l'autre à leur voracité dominatrice. Mais « Socrate tenait tête à Jésus » et Jésus tiendra tête à Socrate.

Les deux modèles, repérables dans le sensible de l'histoire et non seulement dans l'intelligibilité de l'Idée, se dressent dans la culture, comme deux bornes d'orientation morale et spirituelle qui marqueront à jamais l'Occident. Deux « âmes ouvertes », génératrices d'un esprit nouveau, impliquant conversion et dépassement de soi, grandeur d'âme et générosité, enthousiasme et élévation, deux âmes initiatrices d'une nouvelle ère scellée dans la longue durée, deux êtres incarnant un idéal l'un de sagesse, l'autre de sainteté, où la sagesse des hommes est confrontée à la folie de Dieu. Deux prototypes « réalisés » dans l'expérience individuelle et collective, dans l'espace-temps de la culture et de la civilisation occidentales. « L'Antiquité a nourri des âmes admirables. Nous vivons encore de leur sagesse, de leur vertu. L'Europe connaîtra la ruine quand elle aura cessé de vénérer un Platon, un Marc Aurèle, un Épictète. Ces hommes-là cherchaient la perfection morale. Et Socrate, leur maître à tous et dont, tous, ils se réclament, Socrate est mort pour cet idéal »[1]. André Jean Festugière célèbre ici le modèle antique pour mieux montrer la distance infinie qui sépare, selon lui, le Sage et le Saint, en raison notoirement de leur rapport au divin, impersonnel pour le premier, personnel pour le second.

Le *daimôn* socratique est une voix intérieure qui dicte ce qu'il convient de faire ou ne pas faire. Il demeure sans contours précis, sans visage, grand justement, de son anonymat et de son étrangeté. Les Pères de l'Église des premiers siècles n'ont eu de cesse de donner un visage « chrétien » au dieu et à la personne de Socrate. Ils les ont annexés à leur foi, à sa transmission, pour mieux pénétrer les esprits d'une possible progression par degré entre paganisme et christianisme, ce dernier pouvant paraître « achever », « accomplir » le premier dans des personnages d'exception, comme Pythagore, Héraclite ou Socrate. L'inscience socratique ne pouvait, à juste titre, qu'ignorer ce qui l'habitait et la constituait ! Seuls les Apologistes des premiers siècles de notre ère pensent détenir la compétence pour signifier chrétiennement le phénomène Socrate ! Ils le mesurent rétrospectivement à l'aune de la « Bonne Nouvelle » (*Euaggelion*), de la Vérité révélée dont ils sont les dépositaires (Justin, *Première Apologie*, XXIII, 1). Ils voient en lui une sorte de préfiguration du Saint, qui s'ignorait comme tel. « Par la bouche de Socrate, le Verbe a fait entendre la vérité », écrit Justin, dans la *Première Apologie* (V, 4). Des « semences de vérité » (*spermata aletheias*)[2] ont été déposées

---

1. A.-J. Festugière, *L'enfant d'Agrigente*, Paris, Le Cerf, 2006, p. 137.
2. Justin, *Apologies*, trad. fr., L. Potigny, Paris, Picard, 1904, *Première Apologie*, XLIV, 10, p. 90; *Deuxième Apologie*, X, 8, p. 171 : « Le Christ que

en lui. Ses contemporains ne pouvaient en admettre ni en reconnaître la teneur et la valeur.

Il fut alors accusé d'athéisme et d'impiété (*asebeia*), comme Justin, six siècles plus tard, sous le règne de Marc Aurèle, en 165. Le Chrétien persécuté s'identifie, sous nombre d'aspects, au païen condamné à mort, mais se sait plus avancé dans l'ordre de la vérité et en quête de sainteté, c'est-à-dire d'ouverture et de participation active à l'accueil de la grâce divine. « Autre chose est de posséder une semence et une ressemblance proportionnée à ses facultés, autre chose l'objet même dont la participation et l'imitation procède de la grâce qui vient de lui » (*Deuxième Apologie*, XIII, 6). Le *Logos* fait chair en la personne de Jésus est plus et autre que le seul *logos* humain dont tout homme est doté et dont Socrate, le Sage, a fait le meilleur usage. La philosophie socratique et platonicienne demeure incomplète, fragmentaire, encore balbutiante, aux yeux de Justin. Le christianisme, seul, l'éclaire, lui confère son sens plénier et achevé, car il est « une philosophie divine » (*Deuxième Apologie*, XII, 5).

La révélation naturelle du Sage augure d'une révélation d'un autre type dont seul le Saint a l'expérience la plus aboutie. La sagesse peut être vue, selon le prisme de l'apologétique chrétienne, comme une étape vers la sainteté, sans aucunement s'y réduire. Dieu a cru bon de parler aux hommes, aux sages, aux prophètes, et aux saints, en les faisant participer à son

---

Socrate connut en partie (car il était le Verbe…) » ; *Première Apologie*, XLVI, 3, p. 95 : « Ceux qui ont vécu selon le Verbe sont chrétiens, eussent-ils passés pour athées, comme chez les Grecs, Socrate, Héraclite et leurs semblables… » Voir aussi Saint Justin, *Apologies*, trad. fr., Wartelle, Paris, Études augustiniennes, 1987, p. 156, 211, 161. Et *Justin martyr, Apologie pour les Chrétiens*, trad. et commentaire par Ch. Munier, Paris, Le Cerf, 2006.

Logos, dans leur aire déterminée. Le *logos* humain reçoit alors sa lumière d'un Autre, plus grand que lui.

Le propos platonicien du *Philèbe* est interprété chrétiennement par Justin. « C'est des dieux qu'est venu aux hommes ce présent (la philosophie), lancé qu'il fut du haut des régions divines par quelque Prométhée en même temps que le feu le plus éclairant » (*Philèbe*, 16c).

Le « Saint de l'Évangile » incarne l'Amour, la Justice, la Vérité. Il prescrit une manière radicalement nouvelle d'être avec les autres et avec soi, qui s'adresse à tous, sans distinction, récusant toute limitation aux « appartenances ».

Chez les Anciens, seule l'élite a accès à la sagesse, même si Socrate a toujours insisté pour que le riche et le pauvre s'y exercent sans discrimination de classe ou de fortune. L'accueil et la pratique de la sainteté dépendent de Dieu, de son vouloir, de sa grâce. « La sagesse implique toujours un exercice de la raison. L'homme se sauve à lui tout seul[1] », par ses seules forces. En cela réside un des points centraux de la différence entre le sage et le saint, en dehors de tout cadre apologétique. C'est sans doute pour cette raison que Jean-Jacques Rousseau fustigeait ceux qui osaient comparer la sagesse socratique et la « sainteté » christique. Il remonte jusqu'aux Pères de l'Église qui ont senti et peint cette « ressemblance si frappante »; et pourtant, comment oser comparer « le fils de Sophronisque au fils de Marie? Quelle distance de l'un à l'autre!... Oui, si la vie et la mort de Socrate sont d'un sage, la vie et la mort de Jésus sont d'un Dieu »[2]. L'abîme entre l'homme et Dieu est rappelé et loué par Rousseau. La perfection divine est irréductible à

---

1. A. J. Festugière, *L'enfant d'Agrigente*, *op. cit.*, p. 142-143.
2. J.-J. Rousseau, *Émile ou de l'éducation*, Paris, Garnier-Flammarion, 1966, p. 402-403.

toute comparaison comme à toute mesure humaine. L'essence de la sagesse réside-t-elle alors dans ce souci d'auto élévation, d'auto transformation, de l'homme par l'homme, désireux de devenir dieu par ses propres forces ?

Socrate et Caton

Sénèque, au premier siècle de notre ère, aime à dresser des portraits du sage dans ses dialogues ou entretiens. *La Constance du sage (De constantia sapientis)*, par exemple, aime à le dépeindre insensible à l'offense, à l'outrage, à l'injure. Rien ne l'affecte ni ne l'amoindrit. La sagesse désigne ici un modèle abouti et maîtrisé d'apathie, fondé sur une absence d'émotion irrationnelle, mauvaise, une indifférence à ce qui ne compte pas. Le modèle sous-jacent à ce portrait est Caton, qui a livré bataille à l'ambition, « ce fléau aux cent formes », à cette « insatiable soif de pouvoir » (II, § 3). Il a su retenir la république de Rome dans sa chute. Il n'a pas survécu à la liberté et la liberté ne lui a pas survécu (II, § 4). Ce modèle « d'homme parfait, en qui fleurissent les vertus humaines et divines » est jugé supérieur au sage stoïcien (VI, § 8, VII, § 1). Il est « né pour le bien public, mortalité à part, il est semblable à la divinité » (VIII, § 2). La figure la plus haute du sage requiert l'inscription dans la chair de la cité. Dans la seconde moitié du règne de Claude, aux commencements du règne de Néron, la conception de la sagesse génératrice de justice et de liberté, ancrée dans le politique, et fidèle en cela à l'héritage du platonisme et de l'aristotélisme, demeure bien vivante. L'homme qui voue sa vie au bien public en est l'artisan et le symbole. L'héroïsation du sage est ici portée à son acmé.

Le XVIIIe siècle continuera de louer et d'honorer Caton pour sa générosité civique, son sens du bien commun, sa volonté prête au sacrifice de sa vie pour la cause publique. Jean-Jacques Rousseau ose, dans des pages célèbres, opposer Socrate à Caton : « l'un était plus philosophe, et l'autre plus citoyen. Athènes était déjà perdue et Socrate n'avait plus de patrie que le monde entier. Caton porta toujours la sienne au fond de son cœur ; il ne vivait que pour elle et ne put lui survivre. La vertu de Socrate était celle du plus sage des hommes ; mais entre César et Pompée, Caton semble un dieu parmi des mortels. L'un instruit quelques particuliers, combat les sophistes et meurt pour la vérité ; l'autre défend l'État, la liberté, les lois, contre les conquérants du monde, et quitte enfin la terre quand il n'y voit plus de patrie à servir »[1]. L'on remarque que Socrate est encore perçu au XVIIIe comme cosmopolite, à la suite de la Renaissance, de Montaigne en particulier. « On demandait à Socrate d'où il était, il ne répondait pas : d'Athènes, mais : du monde. Lui qui avait l'imagination plus pleine et plus étendue, embrassait l'univers comme sa ville, jetait ses connaissances, sa société et ses affections à tout le genre humain, non pas comme nous qui regardons sous nous », écrit Montaigne dans « De l'institution des enfants » (*Essais*, I, 26). L'on éprouvait le besoin de situer le philosophe en relation avec le monde entier, non avec sa seule patrie qu'il vénérait pourtant par-dessus tout, jusqu'à lui offrir sa vie injustement condamnée.

Rousseau joue, en 1755, à être une sorte de nouveau Sénèque revisité par Montaigne. Ou, plus sérieusement, comme Sénèque, il souhaite mettre l'accent sur une sagesse supérieure à tout autre, en ce qu'elle se consacre à la vertu politique, se met au service de la *res publica*, qu'elle soit celle

---

1. J.-J. Rousseau, « Écrits politiques », dans *Discours sur l'économie politique*, Paris, 10/18, 1972, p. 50.

de la cité ou celle du monde. Influence vivante et forte du stoïcisme et du cynisme antiques dans la modernité des Lumières. Le cosmopolitisme du sage en est un des traits majeurs.

Des Anciens aux Modernes, des Modernes aux Anciens, l'enquête sur la sagesse met en exergue des traits, des orientations du vouloir, des façons d'être au monde, reconnaissables à l'idéal qui les habite et les porte. Une typologie commune peut être dégagée et proposée à l'analyse.

Portraits

Le nomothète, le savant, le philosophe

Les Anciens Grecs dénommaient Sages ceux qui, comme Thalès, Solon et d'autres encore, ont laissé à la postérité un style, une parole, une invention, une décision de poids, une démarche de pensée ouverte sur l'essence du monde et de l'homme, valorisant la mesure, la droiture, la connaissance de soi, l'adaptation, finement ajustée, à la circonstance – au temps opportun, au *kairos* –, dans l'ordre politique, par exemple.

Solon, le nomothète, se révolte contre le sort injuste réservé aux paysans et crée une mesure de libération annonciatrice de l'ère isonomique du VIᵉ siècle avant notre ère. Il promulgue « la levée du fardeau » (*seisachteia*), c'est-à-dire l'abolition de l'esclavage pour dettes, excessives et illégitimes, dont pâtissait la condition paysanne. Il laisse à jamais, par cette décision, la marque insigne d'une mesure de sagesse dans l'ordre juridique et politique. Disparaissent avec lui les créanciers et les débiteurs reliés par un pseudo droit, sans autre norme que la force ou la puissance. Il ne va pas jusqu'au partage pur et simple des terres au profit des paysans, mais il s'achemine vers une répartition plus équitable des richesses et des biens, annonciatrice de la prochaine démocratie clisthénienne.

L'eunomie solonienne sert dans l'ordre de la *praxis*, un idéal de sagesse. Solon a agi « par la force de la loi unissant la contrainte et la justice ». Il a rédigé des « lois égales pour le bon et le méchant, fixant pour chacun une justice droite », rapportent ses poésies politiques, consignées par Aristote dans la *Constitution d'Athènes* (XII, 4), deux siècles plus tard. Il mérite le nom de Sage. Il figure au rang des Sept qui façonnent la sagesse grecque des origines, au VIe avant notre ère. Même si les noms des Sept peuvent varier quelque peu selon les doxographes, les noms de Solon et Thalès se retrouvent en constance dans les diverses énumérations. Parmi les sentences imputées à Solon, l'on retient le « Rien de trop » (*mèden agan*) qu'il a su mettre en pratique dans la législation athénienne. L'éloge de la mesure, la condamnation systématique de son contraire, l'*hubris*, est le fond commun de la sagesse antique.

Celle-ci, on l'a vu, se décline dans les faits, les décrets, les lois. Elle se rapporte à une manière de voir, de regarder, de contempler, de s'étonner, de vivre. Le souci de justice prend d'abord sa source dans l'admiration de l'ordre cosmique, devenu pôle d'imitation, non de violation par possession. L'heure de la maîtrise par accaparement violent, n'a pas encore sonné, mais, au contraire, celle du respect de ce qui est donné : la nature, la terre et le ciel, la vie. Le sage des temps présocratiques est astronome, physicien, mathématicien, législateur, moraliste, politique. Il aime le monde, il scrute ses lois, déchiffre ses secrets, invente des théorèmes. Il voyage pour voir la variété des mœurs et des usages. Il n'a pas d'exclusive. Tout l'intéresse et l'étonne.

Comme Thalès, il peut faire sourire les «femmes de Thrace». Habité par la contemplation du ciel, il ne voit pas l'obstacle devant lui et chute dans le puits où il trouve, soudain, le meilleur point de l'observation astrale! Il prête peut-être à rire, mais lui seul sait ce qu'il convient de connaître et de faire. Le portrait est célèbre (*Théétète*, 174a-176a). Platon l'a ciselé de telle sorte qu'il traverse les âges, délivrant hier comme aujourd'hui ou demain, un message fort sur la sagesse, forme d'attention supérieure de l'esprit, indifférente à l'inessentiel, perçue par ceux qui y sont étrangers ou récalcitrants, comme une claudication du corps et de l'esprit. La sagesse se décèle dans une forme de regard sur les choses et les hommes, qui change profondément ceux qui la rencontrent. Une sorte d'opérateur de «conversion» (*épistrophè*, *periagôgê*), de radicale métamorphose (*métabolê*)? Du côté de la liberté (*eleutheria*), du loisir (*skholê*), non de l'aliénation aux biens marchands, du négoce, du pouvoir, ou d'un temps sans pause, où la course aux «affaires» et à la gloire personnelle semblent en être les maître mots?

Thalès renvoie au modèle d'un Sage en retrait de la vie publique ou politique. Il sait à peine qui dirige la contrée d'où il scrute le ciel. Et pourtant il appartient au groupe des Sept que la postérité honore comme étant un des premiers, voire le premier, à recevoir ce beau nom, ce titre, pendant l'archontat de Damasios à Athènes, vers 585-582. Ce père de la philosophie est salué, ainsi que ses pairs sur la liste, par le *Protagoras* de Platon. Modèles de concision verbale, par le recours aux apophtegmes, les Sept Sages, montrent dans leur science, leur art, comme dans leur langue, le sens aigu de l'essentiel et la défiance vis-à-vis de toute forme d'enflure langagière, de tout excès inutile. Ils signent par là leur admiration envers Lacédémone et sa culture du mot bref, frappant, acéré, juste, à forte et durable portée. Le sage ne parle pas pour ne rien dire. La brièveté laconique de l'antique science a été marquée en lettres de pierre sur le temple d'Apollon à Delphes où se côtoient le «Connais-toi toi-même» de Chilon de Lacédémone et le «Rien de trop» de Solon, pour guider tout un peuple sur la voie de la sagesse pratique. Thalès aurait pu y ajouter «Si tu commandes, gouverne-toi toi-même»!

Platon, de son côté, jouera sur des modèles fort contrastés de sagesse vécue : l'un «sonde les abîmes de la terre, mesurant ses étendues», sa pensée «promène partout son vol», loin des contingences du vulgaire, l'autre, lourd et riche de son inscience, délivre les âmes en proie au désarroi, à la confusion des valeurs et des objets, selon un art maïeutique pleinement maîtrisé. Il en reçoit comme salaire la mort par une condamnation du tribunal populaire en 399 avant notre ère. Un autre, encore, a pour charge le salut de l'État, malade de l'anarchie, de la corruption, en voie vers la pire des tyrannies, celle du plaisir immédiat, de la licence effrénée, de l'ignorance ignorée. Le philosophe-roi, pôle de l'espérance platonicienne en matière politique, doit pouvoir témoigner de la force unique de la philosophie pour éradiquer le mal de la division, guérir la cité de ses maux internes et externes. Sagesse «en retrait» et sagesse «engagée» alternent dans le récit, mais se répondent jusqu'à finalement se fondre, dans les dialogues platoniciens. Sagesse «théorique» et sagesse «pratique» sont les deux faces d'un même processus trouvant son point d'ancrage dans la contemplation du Bien, de l'Absolu, de l'Inconditionné.

Platon a certes infléchi dans une direction «théorique», systémique, la *praxis* socratique, mais sans jamais céder en exigence et en insistance, sur la nécessité impérieuse de leurs rapports. Aimer la sagesse (*sophia*) tout entière et non une de ses parties, selon un choix préférentiel vite absurde, est une prescription philosophique, non seulement de la *République* (V, 475 b), mais du corpus entier. La *sophia* a plusieurs visages. Sa richesse tient dans leurs variétés, leurs multiplicités, mais surtout leur unité. L'engagement dans le monde et le retrait du monde n'engendrent aucune antinomie.

Socrate, à sa manière, en a donné l'insigne exemple, dans sa vie, son enseignement, comme dans sa mort.

Le souci de soi (epimeleia heautou)

Le philosophe grec ne s'est pas employé à forger une doctrine, un système de pensée, mais un art de vivre spécifique, reconnaissable à plusieurs traits dont un, essentiel, l'exigence du « souci de soi », c'est-à-dire de son âme, de son « être », pour parler la langue de l'*Alcibiade*, de *l'Apologie* platonicienne ou du *Phédon*. Au moment de recevoir la ciguë, Socrate n'a qu'un souhait pour ceux qui disent l'aimer, s'en réclamer, dans leur façon de vivre dont ils anticipent, avec douleur, le déroulement après sa mort. « Ayez, vous, le souci de vous-mêmes (*autôn epimeloumenoi*), et de votre part alors toute tâche sera une tâche faite par amour, et pour moi ou pour ce qui est mien, et pour vous-mêmes » (*Phédon*, 115 b).

Si, par malheur, ils ne comprennent pas cela et ne le font pas leur, le message socratique sera définitivement bafoué, perdu, stérile. Criton promet haut et fort de se comporter ainsi, mais se préoccupe surtout des funérailles de Socrate. Comment les désire-t-il ? Quels sont ses derniers vœux à ce sujet ? Socrate n'a d'autre réponse que le rire. Il se moque des problèmes posés par Criton, qui, décidément, ne comprend pas le message philosophique du Maître.

Il ne veut admettre à aucun prix que le cadavre (*nekron*) de Socrate n'est pas Socrate et que seul compte le philosophe vivant, argumentant, ici et maintenant. L'esprit, sorti du corps mort, partira dans la proximité des Bienheureux, loin d'ici-bas. Qu'on enterre le corps, l'incinère, que lui importe ! Ce ne sera pas à lui qu'on rendra hommage, mais à une dépouille corporelle inerte, à une « chose » indifférente, par définition. À quoi bon perdre son temps – quand, de surcroît, il en reste si peu – à se complaire dans des propos aussi vains ?

La mort pour Socrate est un « départ », un « passage » vers un autre lieu, sans rapport avec nos mesures temporelles et spatiales. Il l'avait déjà affirmé au procès, non sans ironie (*Apologie*, 40 c-41c). Criton ne s'en souvient pas. Il préfère l'oubli, voire le déni, au savoir et à la culture de la réminiscence. Il commet des fautes graves de langue, ajoute Phédon, l'auteur du récit. Il confond la mort et la vie, le corps et l'esprit, l'avoir et l'être. Or, seul le corps meurt, non l'esprit. Seul le corps est frappé un jour d'inertie, non l'esprit, qui s'évade du tombeau ou de la prison que fut pour lui, le corps. Libération de tous les assujettissements de l'âme au « clou » du corps, sorte de « décontamination », la mort ouvre à l'existence de ce qui est divin et pur, quand le cycle des réincarnations est enfin achevé (*Phédon*, 83d-e).

Dans son opiniâtreté à vouloir rendre hommage au cadavre de Socrate, Criton viole l'ordre de la pensée et des mots. Socrate lui rappelle pourtant une vérité élémentaire : « l'incorrection du langage n'est pas seulement une faute contre le langage même ; elle fait encore du mal aux âmes » (*Phédon*, 115e). Le disciple fautif l'est doublement, mais sans conscience de sa méprise. Il est tout à sa douleur de perdre « un père », de devoir passer le reste de sa vie en orphelin (*Phédon*, 116a). Tous ici présents, du reste, lui ressemblent et n'ont cure des propos philosophiques de leur Maître. Les entendent-ils seulement ? Les ont-ils jamais vraiment entendus ?

Socrate les quitte un moment pour rendre à son corps les derniers soins du bain, comme le veulent à la fois la coutume et le vœu du condamné de ne pas imposer aux femmes le soin de laver son corps après sa mort (*Phédon*, 115 b). Au retour, après un entretien avec ses enfants et leurs parentes, il leur enjoint de se retirer. Incapables de maîtriser leur chagrin, mieux vaut pour eux se tenir au loin. Leur bruit trouble Socrate.

Le soleil va peu à peu se coucher. Le Serviteur des Onze [1] rend visite pour la dernière fois au Sage. Il lui confie son admiration pour sa sérénité, son courage. Il a l'habitude de voir des condamnés à mort. Aucun ne ressemble au philosophe. Socrate obéit aux magistrats, représentants de la loi, comme à leurs ordres. En lui, ni révolte ni reproche, seule l'acceptation de ce qui doit être. « Tu es l'homme le plus généreux, le plus doux et le meilleur de tous ceux qui sont jamais arrivés en ce lieu », laisse échapper le Serviteur, non sans pleurer, lui aussi.

Socrate réclame que l'on apporte et que l'on broie désormais, la ciguë, ce *pharmakon* que le destin le convie à boire. Remède, – il libère des maux que l'on sait –, poison, il accélère le processus de la séparation de l'âme et du corps. Il n'en veut pas différer le moment. Ce serait vain autant qu'absurde ou ridicule. Il vide la coupe sans sourciller. Sa seule requête est une prière aux dieux pour que le changement de résidence ou de séjour, d'ici à là-bas, s'opère au mieux. Devant le chagrin non voilé, non tu, de ses disciples, il les admoneste une dernière fois. Pourquoi lui offrir comme dernier cadeau « une semblable faute de mesure », une « fausse

1. Aristote, *Constitution d'Athènes*, 52, 1 : Les Onze renvoient à un Collège de Magistrats désignés par le sort. Ils ont à s'occuper de ceux qui sont dans la prison. / Socrate les mentionne comme les représentants du peuple d'Athènes (*Phédon*, 85 b).

note » aussi criante et dissonante (*Phédon*, 117 d)? N'ont-ils décidément rien retenu de sa philosophie? Quel enseignement leur a-t-il dispensé? Quelle conception de la sagesse? Les derniers mots de l'*Apologie* attestaient déjà l'acceptation sereine de la mort, teintée d'ironie. « Voici l'heure de nous en aller, moi pour mourir, vous pour vivre. De mon sort ou du vôtre, lequel est le meilleur? Personne ne le sait, si ce n'est la divinité » (*tô theô*). Le véritable *sophos* a pour nom Dieu, non l'homme.

Le *Phédon* se clôt sur les vertus du *philosophos*, le chercheur de sagesse : « (entre tous les hommes) de son temps qu'il nous fut donné de connaître, (Socrate) fut le meilleur (*aristou*), et en outre le plus sage (*phronimôtatou)* et le plus juste (*dikaiotatou)* ». La vertu morale, la vertu intellectuelle (*phronêsis*) et la vertu politique n'en forment qu'une en sa personne. Socrate est l'emblème d'un lien que les disciples, même éplorés, ont perçu en des temps plus sereins, et qu'ils saluent aujourd'hui. Platon, absent lors des derniers moments de Socrate, tient à entretenir la mémoire d'une personnalité éthique et politique hors du commun, par le récit écrit, la transmission du témoignage.

Le Socrate du *Phédon* est le *phronimos* par excellence, l'homme sensé et réfléchi, qui vit sa mort, sans être anéanti par sa perspective ou sa représentation. Il ne la craint pas. Il l'espère, il l'attend. Le soin de son âme, le souci de soi, et la déliaison[1] du corps ont été portés à leur faîte. La sagesse nécessite la *katharsis*, la purgation, la purification de l'âme et

---

1. Platon, *Phédon*, trad. fr., M. Dixsaut, Paris, GF-Flammarion, 1991, note 322 p. 397-398. « La seule mort qui puisse être le contraire de la vie, c'est la mort-séparation (*apallagê* : 64c, 84b, 107c), ou déliaison (*lusis, dialusis* : 67d, 82d, 83b, 88b) d'avec le corps ».

du corps, l'exercice constant de la pensée, la libération de toute pesanteur, physique ou psychique. Elle conduit à l'ataraxie. Ce qui fait dire au non philosophe, que le sage est déjà mort, pendant qu'il est en vie ! Alors qu'il mène, selon ses vœux, l'existence la plus noble et la plus haute, celle de la pensée au contact de l'intelligible, appelée du beau nom de *phronêsis*, dans le *Phédon* (79 d). L'on peut noter ici l'usage personnel et original que Platon confère à la *phronêsis* de la tradition, signifiant d'ordinaire une sorte de prudence calculatrice, variable selon les objets et situations ! La « *phronêsis*-contemplation[1] » du *Phédon* en semble à certains l'exact contraire.

Quoi qu'il en soit, le souci de son âme reste le premier devoir du philosophe. Il manifeste par là sa parenté (*suggeneia*) avec le divin, parenté dont il doit, sa vie durant, rester digne. Il détient en lui-même les moyens de se sauver et de se guérir du mal. Encore faut-il qu'il le veuille vraiment et durablement.

Le consentement au destin

En son temps, Épictète, le stoïcien, maître indirect de Marc Aurèle, assimilait le cabinet du philosophe au cabinet du médecin. La philosophie, thérapie de l'âme malade de ses angoisses, de ses questions non résolues, dans les deux premiers siècles de l'Empire romain, était vue comme un remède, un *pharmakon* efficace contre ce qui déstabilise l'âme, contre ce qui met en péril la paix intérieure. Être sage, ou viser la sagesse requérait de s'entraîner à mourir – selon la formule célèbre du *Phédon* platonicien (67 e, 80 e-81 a).

---

1. P. Aubenque, *La prudence chez Aristote*, Paris, P.U.F., 1993, p. 25, note 1.

L'empereur Marc Aurèle était hanté, effrayé, par la mort. Il n'eut de cesse, sa vie durant, de dominer cette crainte longtemps irrépressible. Il n'y parvint qu'en la comprenant, qu'en la réduisant à ce qu'elle était : en la définissant comme un effet nécessaire et utile de la nature, une expression parmi d'autres du lien étroit nouant le tout cosmique et la partie, le monde et l'individu (*Pensées*, II, 12 / X, 6).

Le travail de définition « physique » de la mort fut pour lui un véritable « exercice spirituel » de longue haleine, seul capable de vaincre les démons de la peur et de la révolte stérile. Avait-il atteint alors la sagesse, celle qui se reconnaît à la paix et au bonheur durable qu'elle dispense ? S'en était-il approché ? Il consentait librement à la nécessité naturelle. Il ne la subissait plus. La mort ne l'effrayait plus. La leçon socratique se trouvait vécue par le stoïcien, empereur de Rome, comme acceptation pleine et entière de l'*heimarmenê*, que les latins propageront en culture assumée de l'*amor fati*.

Consentir au destin, ne pas se révolter contre lui, le comprendre, ne pas s'y résigner, mais l'accepter, désigne une conception de la sagesse qu'un Nietzsche sait remettre à l'honneur au XIXᵉ siècle, notamment dans son autobiographie *Ecce Homo* de 1888. Le philosophe du renversement des valeurs ne renie pas l'héritage antique du philologue qu'il demeure à sa manière ! Il s'appuie sur lui, le déguise et le malmène parfois, mais aussi le dévoile et l'honore d'unique manière.

Il érige *l'amor fati* en remède contre toute forme de ressentiment. Celui pour qui la modernité rime avec « barbarie », massification destructrice de la création, transformation de la culture en bien de consommation asservi à la loi du marché et du profit, a œuvré à transmettre les bienfaits de la sagesse antique, présocratique, le plus souvent. Il illustre, à sa façon, le dialogue non interrompu entre Anciens et Modernes sur un aspect, non des moindres, de la sagesse. « Devenir ce que l'on est » en est un des pôles centraux. Pindare avait vu juste en érigeant cette maxime en vérité éthique fondamentale dans sa *Deuxième Pythique*. Nietzsche a su l'accueillir, la transmettre, la développer.

Pas de sagesse sans désenchaînement de ce qui encombre ou immobilise le savoir, le discours ou l'action. Pas de sagesse sans connaissance de soi, sans kénose, sans volonté de laisser advenir en soi, puis croître, le seul essentiel. La fin du *Théétète* rappelle en peu de mots les vertus de l'inscience socratique et l'art du vide (*kenos*) qu'elle implique. « Si tu n'as rien en toi, tu seras moins pesant pour ceux que tu fréquentes et plus doux, puisque tu auras la sagesse de ne pas croire savoir ce que tu ne sais pas » (*Théétète*, 210 c). Sagesse, liberté et vérité dans un processus cultivé du détachement, forment, depuis les origines, un triptyque aux ramifications serrées.

Réfléchir sur la nature, les formes, les expressions multiformes de la sagesse concerne, à l'évidence, un des axes essentiels du philosopher. Une littérature vétérotestamentaire l'exalte dans ses livres sapientiaux, la philosophie grecque, archaïque, classique, puis hellénistique et romaine, chante en de multiples voix ses vertus, ses attraits, traque ses conditions de possibilité, vante ses fruits et ses mérites, déjoue ses contrefaçons. Théorique et pratique, intellectuelle et éthique, *sophia*, *sôphrosunê* ou *phronêsis*, pour parler la langue de Platon et d'Aristote, elle est un des pôles de l'attention philosophique, de l'Antiquité à la modernité.

CHAPITRE II

SAGESSE THÉORIQUE ET SAGESSE PRATIQUE

SCIENCE ET VERTU

Excellence et complétude de la sophia

La *sophia* désigne d'abord l'habileté dans un art, la bonne disposition technique qui rend maître en sa tâche celui qui l'exerce, aussi bien le législateur que le chantre, le physicien, le joueur de flûte ou de lyre, le poète, l'artisan, le médecin ou encore le sophiste. Originellement, la langue grecque valorise dans la *sophia* la maîtrise aboutie de la difficulté inhérente à une *technê* donnée, la domination réussie d'un matériau, d'un discours, du caractère même, voire la domination des autres, avant, peut-être, de renvoyer plus spécifiquement aux relations avec l'*épistêmê*, la « science » à caractère plus théorique.

Aristote, dans l'*Éthique à Nicomaque* aime à revenir sur le sens courant et populaire de *sophia*. Elle n'est rien d'autre que « l'excellence dans un art ». Mais il sait aussi que *sophia* désigne « la plus achevée des formes du savoir », la science

« portant sur les réalités les plus hautes », la raison intuitive permettant l'accès aux principes comme à la démonstration qui en procède (*É.N.*, VI, 7). Science et sagesse s'enracinent en une notion, qui désigne plus largement encore la philosophie elle-même, comme hier, chez Platon, mais qu'après Aristote, l'on nommera métaphysique ou « philosophie première ». Elle « traite des premières causes et des premiers principes » (*Métaphysique*, A, 1, 981 b).

Il est notoire de remarquer que la modernité, et Descartes lui-même, redonne ses lettres de noblesse à cette ample et noble acception de la notion de « sagesse » dans la Lettre Préface des *Principes de la philosophie*. « Par la sagesse, l'on n'entend pas seulement la prudence dans les affaires, mais une parfaite connaissance de toutes les choses que l'homme peut savoir, tant pour la conduite de sa vie que pour la conservation de sa santé et l'invention de tous les arts ; et qu'afin que cette connaissance soit telle, il est nécessaire qu'elle soit déduite des premières causes, en sorte que pour l'étudier et l'acquérir, ce qui se nomme proprement philosopher, il faut commencer par la recherche de ces premières causes, c'est-à-dire des principes ».

Mais Descartes ne manque pas en même temps de souligner que seul Dieu est « parfaitement sage ». Car seul, « il a l'entière connaissance de la vérité de toutes choses ». Les hommes ne conquièrent que des degrés de science ou de sagesse, n'y accèdent que par paliers et dévoilements successifs, suivant leur modalité d'approche et d'acquisition des vérités les plus importantes. Sur ce point, tous les doctes s'accordent, assure Descartes ! Tous distinguent la science et la sagesse divines de la science et la sagesse humaines, comme aux temps lointains de l'antique philosophie.

Dans la perspective cartésienne, rien n'est exclu de la sagesse, même si elle se heurte à la conscience lucide et assumée des limites humaines. La philosophie peut bien alors se dessiner comme un arbre. «Les racines sont la métaphysique, le tronc est la physique et les branches qui sortent de ce tronc sont toutes les autres sciences, qui se réduisent à trois principales, à savoir la médecine, la mécanique et la morale». Il s'agit, bien sûr, de la plus parfaite morale, qui présuppose l'étude des sciences et des arts et qui désigne «le dernier degré de la sagesse», non de la morale provisoire du *Discours de la Méthode*. Même si l'arbre de la philosophie moderne ne coïncide pas en totalité avec celui de la philosophie antique, une exigence d'universalisme, un souci encyclopédique, les anime, comme autrefois, Démocrite, Platon ou Aristote, par exemple. Rien de ce qui forme le monde, dans sa texture macrocosmique ou microcosmique, n'est étranger ou indifférent à la philosophie (*philo-sophia*). L'étonnement suscite la spéculation. Platon, dans le *Théétète* (155d) et Aristote dans la *Métaphysique* (A, 2), ne s'y sont pas trompés en voyant dans l'acte de s'étonner la première expression de l'attention philosophique, le socle sur lequel toute découverte s'appuie.

Du sage à la sagesse

Un retour plus appuyé sur le vocable antique *sophia* montre qu'il appartient primitivement à la langue noble et poétique, non à la prose. Il s'est formé à partir de l'adjectif *sophos* et non d'un verbe comme d'autres termes ayant trait à la connaissance (*gnôsis, gnômê, épistêmê, mathèma*). Cet emprunt lui confère d'emblée une originalité qui le destine, sans doute, à une longue, très longue postérité. Ce qu'examine Aristote lorsque voulant définir la sagesse, il s'intéresse en premier lieu au sage et à ses attributs dont un portrait célèbre de la *Métaphysique* en dénombre six.

Le sage doit posséder la connaissance de toutes choses dans la mesure de ses possibilités. Il est capable d'accéder à la connaissance de choses difficiles et malaisément accessibles à la connaissance humaine. Il connaît les causes avec plus d'exactitude et se reconnaît à sa capacité de les enseigner. La science que l'on choisit pour elle-même, sans autre considération, « est plus vraiment sagesse (*sophia*) que celle qui est choisie en vue de ses résultats ». La science dominatrice, ou architectonique, comme, par exemple, la métaphysique dans l'ordre théorique, et la politique, dans l'ordre pratique, est « plus une sagesse que la science qui lui est subordonnée », le sage n'ayant pas à recevoir les lois, mais à en être l'auteur car au sage, l'on doit obéissance (*Métaphysique*, A, 2, 982 a 4-20). Il s'impose comme un Maître de sagesse et de vérité.

Des traits du sage, du *sophos*, Aristote déduit ceux de la sagesse, *sophia*. Certains voient dans cette façon de procéder une initiation au genre des « caractères ». Aristote pourrait être vu comme le premier représentant d'une éthique phénoménologique et descriptive autant que le fondateur d'un système de philosophie morale[1]. Le portrait du sage lui sert de propédeutique nécessaire à la détermination des attributs essentiels de la sagesse. Universalité du savoir, difficulté de sa maîtrise en raison de l'éloignement des perceptions immédiates et sensibles, visée des principes simples, puis, plus complexes, détection puis enseignement des causes premières, gratuité de la quête et polarité de celle-ci vers le « suprême connaissable », le souverain Bien, tels sont les pôles eidétiques de la *sophia*.

1. P. Aubenque, *La prudence chez Aristote*, *op.cit.*, p. 37.

La sagesse aristotélicienne s'achève tout naturellement en science théorétique, fruit de la vertu intellectuelle la plus haute, la *sophia*, elle-même possible grâce à l'activité du *noûs*. La *sophia* couronne ainsi les quatre vertus dianoétiques de *l'Éthique à Nicomaque* (VI) que sont la science (*épistêmê*), l'art (*teckhnê*), la prudence (*phronêsis*), la raison intuitive (*noûs*), ainsi que les vertus intellectuelles mineures (la bonne délibération – *euboulia* –, la justesse du coup d'œil – *eusochia* –, et la vivacité d'esprit, auxquelles s'ajoutent les vertus d'intelligence (*sunesis*) et du jugement (*gnômê*). Dans cette caractérisation héritée du platonisme et de l'Académie, la sagesse théorique, *sophia*, supplante en nature et en valeur la sagesse pratique, la *phronêsis*. La vie contemplative (*bios theôretikos*) correspond le mieux à la première et la vie pratique (*bios praktikos*), à la seconde.

En huit points, Aristote valorise l'excellence de la vie contemplative, sa perfection mais aussi son inaccessibilité durable pour l'homme, mixte de raison et de désir, qui tend à l'activité la plus haute, la plus continue, la plus plaisante, car la plus conforme à la vertu, la plus divine, aussi, mais qui ne peut, en constance, s'y tenir. « Une vie de ce genre sera trop élevée pour la condition humaine : car ce n'est pas en tant qu'homme qu'on vivra de cette façon, mais en tant que quelque élément divin est présent en nous… La vie selon l'intellect est divine comparée à la vie humaine » (*É.N.*, X, 7). L'activité théorétique permet à l'homme « de s'immortaliser » dans la mesure du possible, de se hisser au-dessus de ses inclinations empiriques, de ses fragilités. Elle est délivrance, béatitude, loisir pur – celui de la pensée (*scholê*) –, elle est une fin en soi, le but suprême, la raison d'être de l'homme, le signe indéniable de sa supériorité sur l'échelle des vivants.

La *sophia* ouvre au vrai bonheur, celui que l'animal, dépourvu d'activité noétique, ne connaîtra jamais. L'homme ne tente-t-il pas alors de se faire dieu ? Aristote ne tarde pas à le ramener à sa vraie condition, tout en valorisant l'activité de contemplation, pôle ultime de la vie vertueuse et intellectuelle de l'homme (*É.N.*, X, 9). Le philosophe de la médiété ne peut pas ne pas rappeler en constance que l'homme est un milieu entre le dieu et la bête, qu'il doit tout mettre en œuvre pour développer l'activité et la faculté divine qui est en lui, sans rien renier pour autant de sa condition de limite et en l'assumant pleinement.

Vertus morales et vertus intellectuelles

L'*Éthique à Nicomaque* met au jour, dans son ordre même, un mouvement de valorisation graduelle de la sagesse spéculative ou théorétique (*sophia*) par rapport à la sagesse pratique (*phronêsis*), montrant aussi, tout au long de l'ouvrage, l'importance de leurs liens. Les vertus intellectuelles appartiennent au même genre que les vertus morales. Elles désignent les unes et les autres un état habituel, une disposition entretenue (*héxis*), une tâche à accomplir (*ergon*), un effort à fournir, un dépassement à opérer. Leur appartenance à un genre commun ne les empêche pas de détenir des différences spécifiques que la morale d'Aristote n'a eu de cesse de mettre au jour.

Les vertus morales, comme le courage, la modération (*sôphrosunê*), la magnanimité ou la justice, sont par essence, des médiétés entre deux vices, l'un par excès, l'autre par défaut. Elles représentent des pôles d'excellence difficiles, voire impossibles à atteindre, mais qu'il faut sans cesse viser, si l'on veut prétendre à quelque sagesse vécue.

L'on s'approche, au mieux, du point d'excellence de la « moyenne » proportionnelle entre deux extrêmes, car on le

« voit », même si on ne peut l'atteindre ou y demeurer. Plus on s'approche de lui, plus il s'éloigne, exigeant de l'homme qui l'espère, plus encore d'effort et de travail. Le courage, par exemple, milieu entre la lâcheté et la témérité, se dresse comme une borne éthique désignant un « sommet », dans l'ordre de l'excellence et du parfait, en même temps qu'une « moyenne ». Selon une formule paradoxale d'Aristote, fort juste au demeurant, le « moyen » s'apparente, en un sens, à un « extrême », celui de la perfection (*É.N*, II, 6). Il est aisé de dévier de la droite ligne et cette déviance atteste le tâtonnement et les fluctuations de l'action morale humaine. La déviance « légère » n'est nullement répréhensible, remarque le philosophe (*É.N.*, II, 9). Tout est décidément une question de mesure, de dosage, de répétition par l'habitude et la volonté, car tout est « relatif à nous ». L'absolu nous échappe, par définition, même si nous tendons vers lui.

Le fondateur de l'éthique s'est plu à jouer sur des radicaux sémantiques proches : éthique dérive aussi bien de l'*êthos*, le caractère, que de l'*éthos*, l'habitude, la disposition constante, la manière d'être déterminée, qui conduit aux mœurs (*ta éthê*). Suivant cette interprétation, l'éthique est autant la science du caractère que l'ensemble des mœurs habituelles d'une communauté. Elle se rapporte aussi au bonheur, bien avéré, que recherchent individus et collectivités et peut s'apparenter, dès l'origine, à un traité des plaisirs et des peines.

Éthique et politique ont, de plus, partie liée comme le citoyen et la cité à laquelle il appartient et qui le définit en plénitude, car tous deux recherchent le bien de l'ensemble comme celui de la partie, c'est-à-dire le bonheur. L'eudémonisme aristotélicien, soucieux d'un bien qui soit à hauteur d'homme, non repoussé dans une transcendance lointaine, aime à définir le bonheur (*eudaïmonia*) comme « quelque chose de parfait, qui se suffit à soi-même et est la fin de nos actions » (*É.N.*, I, 4). Aussi l'activité conforme à la vertu est-elle un vecteur déterminant de la vie heureuse. Mais « une hirondelle ne fait pas le printemps » (*É.N.*, I, 6). Il faut réitérer l'acte vertueux pour connaître le bonheur et en témoigner. Nul n'est sage, courageux, juste, magnanime, en un jour. L'unicité éclatante de l'acte moralement beau et bon ne convient pas à Aristote. Héroïsme n'est pas vertu! La sagesse heureuse, en son socle éthique, requiert répétition et accoutumance.

L'on comprend alors que la visée de la « moyenne » (*mesotès*) soit au plan moral, l'œuvre de toute une vie. « C'est tout un travail d'être vertueux (…) Trouver le centre d'un cercle n'est pas à la portée de tout le monde, mais seulement de celui qui sait » (*É.N.*, II, 9). Devenir moralement bon exige de « changer de navigation », selon l'expression proverbiale cultivée déjà par Platon dans le *Phédon* (99d). Il faut vouloir, savoir, s'exercer à pouvoir quitter des voies jugées erronées ou mauvaises, contraires à la vie bonne. Il faut pour redresser correctement le bois tordu, le tendre dans le sens opposé à la courbure! La vie morale exige une conversion, qui ne va pas sans choix délibéré, sans décision de s'y tenir, sans reprises, sans recommencements douloureux, sans ruptures, parfois. La quête du juste milieu suppose l'exercice aiguisé d'une volonté à la hauteur de la réitération de son choix (*proaïrêsis*).

L'homme d'Aristote est « le principe de ses actions » (*É.N.*, III, 1 et 5). Son option délibérée pour la voie bonne, ou pour l'adverse, l'engage pleinement lui et lui seul. Il n'en peut imputer la responsabilité à d'autres. Il se doit de rendre compte, à lui-même et autrui comme autre lui-même, du poids de ses actes. Une des premières conceptions de la liberté, même balbutiante encore dans ce monde antique, commence à se forger.

Trois livres de *l'Éthique à Nicomaque* traitent des vertus morales (II à V). Un livre seulement traite des vertus intellectuelles (VI). Aristote fonde leurs différences dès la clôture du premier livre (I, 13) et l'ouverture du second. « La vertu intellectuelle dépend dans une large mesure de l'enseignement reçu, aussi bien pour sa production que pour son accroissement; aussi a-t-elle besoin d'expérience et de temps. La vertu morale, au contraire, est le produit de l'habitude ». Passées la clarté et la distinction des définitions générales, il attire l'attention sur leurs liens et se tiendra à cette perspective.

La définition de la vertu éthique comme juste mesure entre deux extrêmes, se trouve référée à un type singulier d'homme, le *phronimos*, l'homme prudent, l'homme « sage » au plan pratique. C'est dire que vertu éthique et vertu dianoétique ne sont pas étrangères l'une à l'autre, dans la désignation de leur essence même ! Si la vertu morale, dans l'ordre de sa substance, est « une disposition à agir d'une façon délibérée, consistant en une médiété relative à nous, laquelle est rationnellement déterminée et comme la déterminerait l'homme prudent (*phronimos*) », elle atteste par là même son lien à une forme de rationalité calculante qu'est la *phronêsis*, vertu intellectuelle orientant l'action (*É.N.*, II, 6 et VI, 5).

La distinction conceptuelle et opératoire ne signifie pas une distinction ontologique abrupte ! « Il n'est pas possible d'être homme de bien au sens strict sans prudence ni prudent sans la vertu morale » (*É.N.*, VI, 13). L'essentiel se trouve résumé au livre VI de *l'Éthique à Nicomaque* : la connaissance et l'évaluation intellectuelle sont requises dans l'ordre des deux sortes de vertus, éthiques et dianoétiques. Pas de droite règle (*orthos logos*) sans la claire mise au jour de ce lien. Le livre X l'affirme avec plus de force et de clarté encore : « la prudence est intimement liée à la vertu morale et cette dernière à la prudence, puisque les principes de la prudence dépendent des vertus morales, et la rectitude des vertus morales de la prudence » (*É.N.*, X, 8).

C'est la raison pour laquelle Aristote aime à ériger Périclès en *phronimos*, en incarnation de la droite règle, pour sa justesse de vue sur le terrain politique et militaire, sa capacité de juger du bien pour les hommes particuliers de son époque, mais aussi pour l'homme en général. Périclès est hissé au rang de norme morale et intellectuelle. Façon pour Aristote là encore, de prendre ses distances avec Platon qui reprochait à Périclès de n'avoir pas légué à la postérité une science politique et militaire sûre, mais seulement un art, livré à la sphère du contingent, éphémère comme lui, voué à disparaître comme lui, en aucun cas transmissible !

ÉLOGES DE LA *PHRONÊSIS*

Platon et Aristote : hérauts de la phronêsis ?

Une longue tradition antérieure aux philosophies platonicienne et aristotélicienne a conféré au vocable *phronêsis* un sens à la fois intellectuel et pratique, qu'il semble avoir gardé même chez ceux qui ont infléchi sa signification dans une direction nouvelle ou affichée comme telle. Terme riche d'une double polarité déjà dans la littérature homérique qui mêle à dessein le sens intellectuel du mot et son sens affectif. Le verbe *phronein* n'exprime pas seulement une fonction intellectuelle, mais aussi « un état émotif et une tendance à l'action »[1], limités dans leurs domaines et qui se rapportent exclusivement à l'homme. Inscrit originellement dans la limite, le terme va se trouver

---

1. P. Aubenque, *La prudence chez Aristote*, *op.cit.*, p. 156.

parfois, sous l'impulsion créative de ceux qui le manient, – comme Héraclite par exemple –, conféré à l'activité divine, mais sans succès durable. Le second attribut essentiel de la *phronêsis* tient à son caractère sain. *Phronein* chez Hippocrate revient à penser sainement, «normalement», en dehors de toute dérive «pathologique», de toute forme délirante.

Le mot comme le verbe s'ancrent dans une tradition de limite, de mesure et l'on peut comprendre que Platon, dans le *Cratyle* (411 e) comme Aristote, dans *l'Éthique à Nicomaque* relient la tempérance (*sôphrosunê*) et la «prudence» (*phronêsis*). Selon un jeu d'étymologie, les philosophes montrent que la tempérance (*sô-phrosunê*) désire conserver (*sôzein*) la prudence et le jugement qu'elle implique (*É.N.*, VI, 5, 1140 b 11 *sq.*). La modération dans l'ordre des biens favorise le discernement de l'esprit et de la conduite. La *phronêsis* valorise la limite et l'équilibre, dénonce l'excès et la démesure. Elle est de l'homme et pour l'homme, «la pensée saine, le discernement correct du convenable, la délibération droite s'achevant dans la parole ou dans l'action opportune». Démocrite laisse à la postérité l'usage de ce sens : «De la pensée saine (*ek tou phronein*) naissent ces trois fruits : bien délibérer, parler sans faute, agir comme il faut »[1]. La pensée et l'action se trouvent en étroite intrication, tout comme le registre intellectuel et le registre moral. Les philosophies de la sagesse élaborées par Platon et Aristote développent, chacune dans leur système, ce lien du voir intellectuel, du parler juste et de l'agir moral, dans la vie individuelle et collective.

Certes, la *phronêsis* aristotélicienne porte seulement sur ce qui devient, non sur ce qui est, à la différence de la *sophia*. Là encore, Aristote fait subir un infléchissement à l'acception la

---

1. *Ibid.*, p. 160. Voir aussi la note 1.

plus intellectualiste de la *phronêsis* platonicienne. Il la détourne de la sphère purement intelligible à laquelle elle appartient
le plus souvent chez Platon, pour la cantonner dans le sensible,
dépourvu de toute ouverture possible à un « monde des Idées »,
inexistant à ses yeux. Rupture avec Platon ou rupture avec
celle qu'avait opérée Platon, attribuant à *phronêsis* un tout
autre sens que son sens primitif traditionnel, celui de prudence
calculatrice ? Aristote opérerait-il un retour à la tradition, par
delà les construction savantes de Platon et l'ambiguïté de ce
dernier dans l'acception du terme *phronêsis* ?

La *phronêsis* platonicienne désigne le plus souvent
la connaissance de l'intelligible, synonyme alors de vraie
sagesse ou de sagesse accomplie. « Elle a la prééminence et
tient la première place parmi les biens divins », notent, par
exemple, *Les Lois* (I, 631 c). Le *Phédon*, de son côté, n'a de
cesse de valoriser la *phronêsis* au sens de la « pensée pure »,
délivrée des chaînes corporelles et des aliénations du sensible.
Elle oriente vers ce qui est « pur », sans mélange, incorruptible,
délié de toute pesanteur, vers ce « qui possède toujours l'existence, qui ne meurt pas, qui se comporte toujours de la
même façon », en bref, vers le divin avec lequel nous expé-
rimentons, grâce à l'esprit qui nous habite, une étrange parenté
(*suggeneia*, *Phédon*, 79 d). À ce titre, elle est « la pensée sous
sa forme la plus haute, l'intelligence des intelligibles, mais
c'est l'intelligence considérée non pas comme une activité ou
une faculté, mais comme une valeur et une vertu »[1]. La
phronêsis exprime l'effet de l'intelligence dans l'âme. La
science pour Platon, vise à rendre pleinement vertueux

---

1. M. Dixsaut, « Platon et la question de la pensée », dans *Les sens
platoniciens de la phronêsis*, Paris, Études platoniciennes, t. I, Paris, Vrin,
2000, p. 106

l'homme qui s'y adonne. Science et moralité ne font alors qu'un.

Entrevoir les pouvoirs du *phronein* [1] c'est entrevoir, dans le *Phédon*, la fin de l'errance pour l'homme, le retour à sa patrie d'origine, le lieu intelligible, le *topos noètos*. Outre ses vertus mnémoniques, l'acte même de la pensée nous sauve du mal et du malheur. Opter pour les plaisirs du corps et se laisser abuser par ses appâts, c'est contrevenir à la vocation spirituelle et rationnelle de l'homme, c'est faire obstacle au processus d'anamnèse, développer les forces de l'oubli et de l'inscience non maîtrisée, être candidat, en bref, à l'erreur comme à la faute.

Seulement Platon n'utilise pas toujours cette acception du terme *phronêsis*. Il peut feindre de reprendre le sens de la tradition pour mieux mettre en valeur sa propre interprétation du terme ou, pour la vie du dialogue, se jouer à opposer le sens ancien et le sien propre, ce qui n'est pas toujours sans ambiguïté. Ainsi, dans le *Phédon* où la *phronêsis* est assimilée aussi à une unité supérieure de calcul pour régler les échanges (69 a)! Il paraît garder un sens de la tradition (le calcul) mais, en fait, l'incorpore à sa philosophie pour indiquer l'excellence unique, incomparable, de cette règle des échanges sans faille, qu'est « la pensée »! La vertu vraie (*alethès aretê*) accompagnée de la pensée (*meta phronêseôs*), comme le sont le

---

1. Platon, *Phédon*, trad. fr., M. Dixsaut, Paris, GF-Flammarion, 1991. Note 165, commentant le 79 d p. 353 : Au sens originel, « *phronein*, c'est avoir tous ses esprits, être dans son bon sens, discerner justement – par les sens aussi bien que par l'esprit. La *phronêsis* est *aïsthêsis* : perception juste. Aristote reprochera cette assimilation des deux termes à Homère comme à ses prédécesseurs (*Métaphysique*, 5, 1009b 11 *sq.* ; *De l'âme*, III, 427a *sq.*) ... Concernant la *phronêsis*, Platon rompt avec l'usage sémantique commun : la *phronêsis*, état de l'âme en contact avec l'intelligible, est bien chez lui la pensée ».

courage, la sagesse (*sôphrosunê*), et la justice, se distingue à l'évidence des vertus serviles. La « pensée » elle-même en devient « moyen de purification » (*katharmos*, 69 c). Elle est bien « l'unique monnaie » qui doit gagner au change. La pensée, la réflexion, le discernement intellectuel fondent la vraie vertu morale. Ils concourent à déjouer rapidement les ruses, les pièges, de ses contrefaçons.

Il arrive même parfois que Platon souligne le caractère par trop élevé de la sagesse qu'il nomme *phronêsis*. N'est-elle pas impuissante parfois dans le domaine de l'action ? « L'opinion vraie » ne vaut-elle pas davantage que la « pensée pure » dans l'ordre empirique ? Les bons politiques ne sont pas toujours ceux qui savent de façon théorique, mais ceux qui savent s'adapter aux circonstances, les maîtriser dans la mesure du possible, en contourner les obstacles. Insuffisance de la *phronêsis*, détection d'autres voies plus propices à ruser avec la complexité du réel sensible ? Ou nouvelle médiation entre une *phronêsis* pure, valeur ultime, genre commun, et une espèce de cette dernière ?

Le *Ménon* salue l'utilité de « l'opinion vraie » en matière politique (97 b-c, 99 a-c). Aux côtés de la « science », elle est un guide pour l'action. Le *Philèbe* combine deux perspectives, la perspective génétique et la perspective épistémologique. Combien comprend d'espèces le genre *phronêsis* demande Protarque à Socrate (19 b) qui en énumère certaines dont la mémoire, l'opinion vraie, et au rang le plus élevé, la connaissance intelligente ? La question de l'un et du multiple se pose à son propos, sans nul doute. Mais la perspective épistémologique voit dans la *phronêsis* à la fois le genre et l'espèce la plus haute. Lorsqu'elle vise l'être, elle occupe le plus haut degré de la connaissance. Elle est saisie des essences pures. Son nom est alors le plus beau des noms.

« Les noms les plus honorables ne sont-ils pas ceux d'intellect (*noûs*) et de sagesse (*phronêsis*) » ? C'est donc appliqués aux pensées qui portent sur l'être véritable qu'ils auront leur sens exact et leur droit usage » (*Philèbe*, 59 c-d). Aucune ambiguïté ici. La supériorité indéniable de la *phronêsis* ne fait aucun doute, car elle porte sur l'intelligible, sa source et sa fin. Elle est parente du Bien.

Chez Aristote, l'intelligible n'est plus la mesure de toutes choses et le monde moral s'est comme vidé de sa transcendance abrupte. « Relative » aux circonstances et aux hommes qui ont dû les affronter à bras le corps, comme Périclès, variable, mouvante comme eux, la *phronêsis* n'embrasse ni ne désigne aucun absolu. Elle est humaine, rien qu'humaine. La *sophia*, seule, porte sur ce qui est, sur la nécessité, ce qui ne peut pas ne pas être. La norme de la vertu morale n'est pas le *sophos*, mais seulement le *phronimos* ! Les hommes de valeur sont seuls mesure de la valeur. Ainsi en va-t-il pour Périclès, sorte de paradigme d'une anthropologie morale et politique. Est-ce à dire qu'Aristote a surtout retenu la leçon du *Ménon* et le sens que ce dialogue confère à la *phronêsis* ? Preuve que la notion est, chez Platon, « éclatée » dans des constellations différentes, selon la formule de Monique Dixsaut. Elle n'est pas réservée à l'intellection des êtres immuables. Plutôt qu'une opposition à Platon, Aristote s'en inspire pour infléchir une des conceptions platoniciennes de la *phronêsis* dans la sphère fluctuante de la *praxis*.

Mais, répétons-le, intellectualité et moralité ont partie liée aussi chez Aristote. Vertus éthiques et vertus dianoétiques ne se pensent pas les unes sans les autres. Les secondes ne visent pas un juste milieu, mais le garantissent. Sans mesure incarnée par une norme de sagesse/prudence, pas de vertu morale, pas

de critère permettant de différencier le bien du mal, pas de
jugement moral ni d'action morale possible.

QUELLE ÂME POUR QUELLE SAGESSE?

Parties de l'âme et variations sur la sagesse

Dans l'éthique aristotélicienne, les vertus morales et les
vertus intellectuelles sont distinguées à l'instar des « parties »
de l'âme rationnelle – scientifique (*to epistémonikon*) ou opi-
native ou calculative (*to doxastikon/ to logistikon*) – ou des
deux intellects – spéculatif et pratique – auxquels elles
renvoient (*E.N.*, VI, 2, 1139 a 27sq.).

La prudence (*phronêsis*) se doit de « calculer avec justesse
en vue d'atteindre une fin particulière » (*É.N.*, VI, 5). Elle
émane de la partie « calculative » *(logistikon)* de l'âme et doit
savoir se diriger dans la sphère fluctuante du contingent,
quand la *sophia*, vertu de l'intellect spéculatif, porte sur ce qui
est nécessaire, stable, invariant et éternel. La *sophia* est, on l'a
vu, la plus achevée des formes du savoir, raison intuitive
(*noûs*) et science (*épistémè*), science portant sur les réalités les
plus hautes. Son activité propre inclut à la fois l'appréhension
intuitive des principes et leur possible démonstration
(*É.N.*, VI, 7).

Elle déborde la seule sphère humaine, à la différence de la
phronêsis, en ce qu'elle peut contempler les corps célestes, par
exemple. Les astronomes seront dits « sages », exercés à la
science de la sagesse, « savants ». Ils ne seront pas dits
« prudents », exercés aux actions humaines dans la sphère
politique. Ainsi Thalès ou Anaxagore seront rangés dans la
rubrique des *sophoi*, non des *phronimoi*, par exemple, à la
différence d'un Périclès. Sur ce point, Aristote professe une

entière fidélité à l'égard de Platon qui, dans *l'Hippias Majeur*
(281 c-d), se livrait à une remarque semblable à l'égard des
anciens « sages », férus de science (*sophia*), non de la gestion
des affaires publiques.

La *sophia* aristotélicienne porte sur l'universel de la
pensée quand la *phronêsis* porte seulement sur le général de
règles régissant les conduites humaines et surtout sur le singulier, le particulier, voire l'individuel de l'action (*É.N.*, VI, 9).
Elles se rattachent à des sphères différentes de l'âme humaine,
à des manifestations différentes de l'exercice du savoir.

La partie intellectuelle de l'âme, l'*épistêmonikon*, a
pour vertu spécifique la *sophia*. La partie calculative de l'âme,
le *logistikon*, la *phronêsis* et la partie désirante, l'*orektikon*,
l'ensemble des vertus morales. La théorie du choix volontaire,
délibéré, et réfléchi (*proaïrésis*) sous-tend l'analyse aristotélicienne des vertus éthiques comme la distinction opérée entre
les actes « volontaires » et ceux qui ne le sont pas. La *proaïrésis*
est une espèce à caractère éthique du genre *orexis*. Seule les
parties nutritive, sensitive et locomotrice[1] de l'âme ne sont
productrices d'aucune vertu, car étrangères à la volonté ou à la
moralité, liées au corps, et communes aux hommes et aux
autres êtres vivants (*É.N.*, VI, 13).

La vertu morale est ancrée dans la partie désirante de
l'âme, aidée de la réflexion et de la délibération, la vertu
intellectuelle, dans sa partie rationnelle, selon sa double
polarité, épistémique (*sophia*) ou calculative (*phronêsis*), ou
encore, théorique et pratique, selon une formulation plus
ramassée. La sagesse (*sophia*), selon Aristote, peut équivaloir
à la science. Elle peut se lire aussi comme une vertu de l'intellect théorique. La *phronêsis* n'est pas science, mais seulement

1. Aristote, *De l'âme*, trad. fr., J. Tricot, Paris, Vrin, 1969, II, 3.

vertu dianoétique. Elle dépend de l'intellect pratique. Sagesse théorique et sagesse pratique renvoient à des aires spécifiques, celles de l'intellection ou de l'action, mais elles présentent des liens indéniables pour qui veut appréhender l'homme dans la totalité de son être confrontée à l'existence.

Ni science ni art, la prudence « est une disposition (*héxis*), accompagnée de règle vraie, capable d'agir dans la sphère de ce qui est bon ou mauvais pour un être humain » (*É.N.*, VI, 5). Elle détient un statut de vertu rectrice des vertus particulières. Elle les transcende en valeur et fonction, car elle donne la règle. Par nature, elle est régulatrice, non constituante. Certes la sagesse théorique est expressément jugée supérieure à la sagesse pratique, eu égard à la partie la plus haute de l'intellect qui la détermine et à l'objet qu'elle vise, mais la sagesse pratique peut, de son côté détenir une autorité supérieure dans l'ordre des affaires humaines (*É.N.*, VI, 13).

La *phronêsis* n'est pas la forme la plus élevée du savoir, mais elle est « un savoir du particulier (qui) permet d'appliquer les principes de la moralité à la variabilité indéfinie des circonstances sur lesquelles l'action doit s'exercer » [1]. La vertu de discernement moral, autre nom de la prudence, doit savoir jouer, ruser avec les facettes les plus diverses du *kairos*. Savoir des limites, ne cherchant pas à les nier ou les fuir, elle permet, dans une mesure relative, leur maîtrise. La théorie aristotélicienne de la sagesse biface – théorétique et pratique – issue d'une conception elle-même biface de l'intellect, comme de la division des parties de l'âme, aura dans la postérité philosophique une importance de poids.

---

1. P. Aubenque, *La prudence chez Aristote*, *op. cit.*, p. 27.

Que choisir et comment vivre ?

De l'inscience socratique, la philosophie ultérieure ne fera que s'éloigner, faisant subir à la langue et à la théorie philosophique, variations, divisions, subtilités et complexités croissantes de pôles livrées au commentaire sans fin, étrangers au Sage Socrate.

La sagesse des Maîtres d'origine, comme Socrate ou Pythagore était inscrite dans leur vie, non consignée par l'écrit philosophique, en lien étroit avec une divinité qui en était source, même si ses contours demeurent toujours malaisés à déterminer. La mesure de la sagesse était Dieu, le divin, non l'homme. Cette sagesse se reconnaissait au genre de vie mené par les hommes qui s'en réclamaient. Était recherché par les philosophes authentiques – non les philodoxes, les pâles et faux imitateurs des premiers, aisément repérables par un œil exercé –, un équilibre de vie dominé par la préséance de la vie noétique.

Est-ce pour cette raison que la question des trois genres de vie a alimenté pendant des siècles les débats des doctes ? N'est-elle pas encore, si l'on sait la faire revivre, au cœur des choix d'orientation de nos existences ? Le sujet ne laisse pas que d'être actuel, note avec justesse A.J. Festugière[1]. « Les carrières qui s'offrent aux adolescents se rassemblent, aujourd'hui encore, sous ces trois chefs : vie de recherche désintéressée, vie d'action, vie d'affaires ». Ce choix ne caractérise-t-il pas une civilisation et l'histoire d'une culture ?

---

1. A.-J. Festugière, *Études de philosophie grecque*, *Les Trois Vies*, Paris, Vrin, 2010, p. 117.

TROIS GENRES DE VIE

Avec la *Vie de Pythagore*, un mythe s'est constitué qui inspirera le Platonisme pendant plus d'un millénaire, depuis l'École d'Athènes jusqu'à la fin de la Renaissance [1].

PYTHAGORE : LE SOCLE D'UNE TRADITION

À la foire du monde, trois sortes d'hommes

Selon une investigation de langue, d'histoire, mais aussi de légende, qui traverse avec bonheur les siècles, Pythagore serait l'auteur du terme « *philo-sophos* », au VIᵉ siècle environ avant notre ère. Il se serait ainsi présenté à Léon, tyran de Phlionte, qui s'enquérait de son identité. Chasseur de sagesse, de vérité, épris de contemplation des choses les plus belles, il montre par le titre qu'il s'octroie, que seul Dieu peut être dit *sophos*, sage

---

1. Jamblique, *Vie de Pythagore*, (*V. P.*) trad. fr., L. Brisson et A. Ph. Segonds, Paris, Les Belles Lettres, 1996, p. LVIII.

pleinement en acte, et non l'homme, réduit seulement à la condition de *philo-sophos*, sage en puissance, en devenir, selon un exercice jamais achevé, qui constitue le prix de sa vie.

Platon retiendra particulièrement cette leçon ainsi que le chrétien Augustin, au Vᵉ siècle de l'Antiquité tardive, pour ne citer qu'eux. Le *Banquet* (204 a) et le *Phèdre* (278 d) insistent l'un et l'autre sur la distance existant entre le *sophos* et le *philo-sophos*. Le premier titre ne sied qu'à la divinité. À elle, le modèle de sagesse véritable, sûre et pérenne. À l'homme, la visée et le paraître sage, tâtonnant, fluctuant, jamais assuré dans la durée et la fidélité au modèle.

Les *Confessions*[1] augustiniennes, dans un registre de foi chrétienne confessant la lenteur d'un parcours et ses errances, rendent hommage à l'*Hortensisus* de Cicéron, cette exhortation à la sagesse et à la vie de l'esprit, influencée par le *Protreptique* aristotélicien, lui-même fortement nourri de l'enseignement platonicien à l'Académie. Ouvrages partiellement disparus, réduits à des fragments, certes, mais qu'Augustin fait revivre dans sa quête de Dieu. « Vile devint pour moi soudain toute vaine espérance ; c'est l'immortalité de la sagesse que je convoitais dans un bouillonnement du cœur incroyable, et j'avais commencé à me lever pour revenir vers toi ». La philosophie fut l'étape préliminaire à l'ultime rencontre du vrai Dieu chez Augustin : la sagesse dont elle est porteuse chez les plus grands hérauts du paganisme grec et romain l'a conduit insensiblement à Celui qui est le modèle éternellement vivant de La Sagesse, son expression même. Deux conceptions de la divinité qui ont l'une et l'autre un rapport étroit avec la sagesse idéale ou personnifiée.

---

1. Augustin, *Les Confessions*, III, IV, 7, trad. fr., E. Tréhorel et G. Bouissou, Paris, Desclée de Brouwer, 1962, p. 373-375 et 667-668.

Le philosophe désire la sagesse, tend à s'en approcher au cours de son existence, mais ne l'atteint pas. Aspiration à l'éternité, à l'universalité du savoir, à la liberté pleinement maîtrisée de l'attitude, du discours, et de la pensée, la *sophia* relève de l'idéal, a-t-on vu à plusieurs reprises de l'antiquité à la modernité. Elle représente une fin, par définition, inaccessible pour les hommes, mais principe, toujours, d'une tension, d'une attention, que les plus nobles, les plus « purs » d'entre eux, visent sans relâche.

Cicéron[1], dans les *Tusculanes* (V, III, 8-9) au premier siècle avant notre ère, Diogène Laërce[2], comme Jamblique[3], au IIIe siècle après, insèrent cette définition inédite du *philosophos* dans une comparaison de trois genres de vies devenus célèbres.

Pour mieux faire comprendre le sens de sa réponse au tyran, Pythagore aurait eu recours, selon Jamblique dans sa *Vie de Pythagore*, à une image éloquente pour ses contemporains, celle des panégyries, assemblées solennelles, réunies autour d'un sanctuaire commun, où affluait le peuple grec, comme par exemple, lors des Jeux Olympiques. Les hommes viennent au monde comme une troupe se rend à ces fêtes et leur manière de s'y conduire les distingue les uns des autres. « De même que viennent là toutes sortes d'hommes, chacun pour une raison différente (l'un, en effet, en vue du commerce et du gain, est venu décharger sa marchandise ; l'autre, en vue de la gloire, vient pour faire une démonstration de la force de son corps ; il y a encore une troisième sorte – c'est précisément la plus

1. Cicéron, *Tusculanes*, trad. fr., J. Humbert, t. II, Paris, Les Belles Lettres, 1931.
2. Diogène Laërce, *Vies et Doctrines des philosophes illustres*, Paris, Le Livre de poche, trad. fr., M.-O. Goulet-Cazé, 1999, VIII, 1, p. 947.
3. Jamblique, *Vie de Pythagore, op. cit.*, § 58, p. 32-33.

libérale – qui se réunit pour voir des lieux et de belles
réalisations, des actes d'excellence et des discours, dont il y
avait ordinairement des exhibitions lors de ces fêtes), de même
aussi dans la vie » (*V.P.* § 58). Le traducteur des *Tusculanes*
qualifie la troisième catégorie de « passionnés de la sagesse »
(*sapientiae studiosos*), correspondant au sens même du mot
« philosophes ». Et Cicéron d'ajouter « de même que là-bas
l'attitude la plus distinguée était celle du spectateur qui ne
cherche aucun profit personnel, ainsi dans la vie, la contemplation et l'étude de la nature l'emportent de beaucoup sur tous
les autres genres d'activité » (*Tusculanes*, fin du V, III, 9). Un
demi millénaire après Pythagore, la vie de contemplation du
savant et du sage qui l'isole des autres hommes, connaît
encore, au terme de la république romaine, la prééminence sur
toutes les autres formes d'existence.

Le VIᵉ livre de la *République* de Cicéron, dans le texte dit
« Le songe de Scipion », l'atteste largement. La beauté de
l'univers y est célébrée comme un des pôles de la contemplation ; la musique du monde, audible seulement à ceux qui
savent la capter, la fragilité des choses humaines, la fugacité du
temps, l'éloge des grands hommes, y sont autant de thèmes
célébrés par l'Africain et transmis à Scipion Émilien, porte-
parole de Cicéron ici. La supériorité de l'âme sur le corps y est
réaffirmée, dans le droit fil de la tradition pythagoricienne,
platonicienne et aristotélicienne. « » Tu n'es pas cet objet que
délimite dans l'espace ton apparence extérieure, c'est l'âme
qui en chacun est l'être véritable et non cette chose figurée que
l'on peut toucher du doigt. Sache donc que tu es un être divin [1]
(*Deum te igitur scito esse*) » (*De Republica*, VI, XXIV).

---

1. Cicéron, *De la République*, *Des Lois*, trad. fr., Ch. Appuhn, Paris,
Garnier, p. 213.

Épictète, au IIe siècle, se sert, lui aussi, de l'image de la foire pour illustrer la nature du monde où se trouvent les hommes, pour réveiller l'attention de ses disciples à la vraie vie de l'esprit, la vie philosophique, apanage d'un bien petit nombre. Les philosophes sont ainsi fortement distingués des « acheteurs » et des « vendeurs ». Ils se remarquent par leur attention spéculative, attachée à comprendre les causes, les fins, le sens de ce qui est. « Il est des gens qui, comme les bêtes, ne s'inquiètent de rien que de l'herbe ; c'est vous tous, qui vous occupez de votre avoir, de vos champs, de vos serviteurs, de vos magistratures ; tout cela n'est rien que votre herbe. Parmi ceux qui sont dans cette foire, bien peu ont le goût de la contemplation et se demandent ce qu'est le monde et qui le gouverne [1] ».

Aux dires d'origine pythagorique, près de huit cents ans auparavant, trois sortes d'hommes se trouvent habités par trois sortes de préoccupations : le désir de richesses et de plaisir pour les uns ; le désir du pouvoir et de la puissance engendrant souvent de « folles rivalités » pour les autres. « La sorte la plus pure des hommes, c'est l'homme qui a choisi la contemplation (*theôria*) des choses les plus belles, celui que l'on dénomme précisément le philosophe ». À la troisième catégorie, appartient le sage, animé par une quête désintéressée de science, de vérité et de vie droite. Le vrai, le juste, le bien, y sont ses objets de prédilection.

Peu importe que l'auteur de ce texte soit ou non Pythagore, Héraclide du Pont, le disciple de Platon, qu'il ait été un des axes forts de l'Ancienne Académie. Il a le mérite de présenter un schème ternaire dont la postérité sera longue et tenace

1. *Les Stoïciens*, II, trad. fr., É. Bréhier, Paris, Gallimard, 1962, Épictète, *Entretiens*, II, XIV, p. 916.

jusqu'à servir à la caractérisation de nos sociétés contemporaines. Certains[1], de nos jours, aiment y déceler une correspondance d'origine avec la tripartition fonctionnelle de Dumézil valable, depuis des millénaires, pour le monde indoeuropéen : celle des rois-prêtres, des guerriers et des producteurs. La fonction de «philosophe» dont l'essence réside dans la contemplation du bien et du beau appartient au premier groupe ; celles qui ont trait au gain et aux échanges au troisième, celui des « producteurs » ; celles qui se montrent éprises de gloire au second, celui des « guerriers » et des politiques.

Science de la vérité des êtres et katharsis

Dorénavant et pour très longtemps, trois types de vies[2] sont distingués : la vie philosophique, d'essence contemplative ou théorétique ; la vie pratique, politique et militaire ; la vie chrématistique. Elles désignent une hiérarchie de valeurs héritière du platonisme, lui-même fortement influencé par le pythagorisme, au point que Numenius, au second siècle de notre ère, aimait voir en Platon «un second Pythagore». Le platonisme n'est-il pas, pour l'essentiel, un pythagorisme complètement transformé, certes, mais toutefois bien réel ? Pour Pythagore, comme pour Platon, la plus noble des vies est celle qui contemple la beauté du ciel et de la terre, des nombres, des harmonies et remonte «jusqu'au Premier, l'Intelligible… La sagesse, la véritable science, c'est celle qui s'occupe des premières choses belles et divines, de celles qui échappent à la dégradation, qui sont éternellement dans le même état, par la

1. Jamblique, *Vie de Pythagore*, *op. cit.*, p. XXXV.
2. A.-J. Festugière, *Études de philosophie grecque*, *op. cit.*, p. 117-156.

participation auxquelles le reste peut être dit beau»
(Jamblique, *V.P.*, § 59 et § 160).

Désignant par sagesse, »la science de la vérité des êtres »,
– incorporels ou intelligibles, et corporels –, Pythagore ouvrait
à la philosophie un champ d'amplitude originaire dans lequel
toute une tradition multiséculaire allait s'installer. Elle pre-
scrivait, en effet, la connaissance approfondie du macrocosme,
comme du microcosme, la saisie des principes qui leur donnent
être, sens et ordre : les nombres et leur unité primitive. Elle
préconisait aussi un style d'existence soucieux de purification,
où le vêtement – en lin blanc –, la nourriture – le végétarisme –,
la vie en communauté – la dépossession des biens privés au
profit du groupe – se reconnaissaient comme le propre de
l'hétairie pythagoricienne.

« Entre amis tout est commun » n'était pas le moindre de
ses apophtegmes, en valeur et poids. Platon le fera sien dans sa
conception de la *Callipolis*, fustigeant toute privatisation de
l'attitude, du sentiment, de la propriété, synonymes de mal, de
détournement pernicieux de l'idéal éthique et politique.

Certes, la sagesse la plus accomplie se tient à n'en pas
douter, pour une longue séquence temporelle, du côté de la vie
contemplative (*bios theorêtikos*), ouverte sur l'éternité et
l'invariance. Elle élève celui qui s'y consacre au-dessus de la
matérialité des affaires, de la gestion et du calcul des intérêts
privés ou publics, de la course aux avoirs et aux richesses de
diverses factures et surtout, peut-être, au-dessus de l'instabi-
lité temporelle. Mais le *bios theorêtikos* pythagoricien, platonicien, ou encore aristotélicien, n'est pas étranger, on l'a vu,
au *bios politikos* ou *praktikos*. Il l'irradie de sa lumière et
lui donne l'impulsion nécessaire pour la mise en acte,
dans le sensible, des fruits de la contemplation intellectuelle,
mathématique, astronomique ou physique.

La sagesse a dès l'origine, et pour très longtemps encore, un triple versant : théorique, pratique (politique, éthique) et chrématistique. Elle peut et doit insuffler aux « affaires » la mesure juste qui leur manque si souvent. Elle doit engendrer justice et équité et présider à l'harmonie sociale. Elle seule transcende l'éphémérité de tout ce qui est soumis à la corruption (*phthôra*) du temps. Elle permet de résister à l'usure, à la dégradation, à la dépravation des hommes et des choses.

Rien n'est dès lors, étranger à la *philosophia*. Ni l'exercice du jugement dans l'apprentissage de la vérité, ni l'organisation ou la direction de la cité, ni l'orientation éthique individuelle ou collective. On sait le rôle politique joué par la « secte » (hétairie) pythagoricienne pour déjouer les ruses et les méfaits de la tyrannie. Le sage ne méprise pas la cité qui l'abrite en son sein, il se sent responsable de sa justice ou de son injustice, il concourt de toute la force de sa science et de son art de vivre, au bien de l'ensemble et de ses constituants.

LE SAGE : UN HOMME OU UN DIEU ?

Philosophie et révélation

Jamblique insiste sur la filiation apollinienne du mathématicien et philosophe. On n'appelait pas Pythagore – littéralement l'annonciateur pythien – par son nom, de même qu'on hésite à nommer le dieu ou les dieux. Son âme, d'origine divine, descendait directement du « domaine » d'Apollon, conformément à la grande procession décrite par le *Phèdre* de Platon (246 e-248 c). Elle n'avait pas « chuté » dans un corps, par faiblesse ou paresse dans l'ordre de la contemplation, mais elle était unie à lui pour communiquer avec les hommes, les instruire et les sauver du mal et du malheur. La filiation spirituelle, seule, intéresse Jamblique, non celle de la chair.

La désignation de *daimôn*, intermédiaire entre les hommes et les dieux était sans doute l'appellation la plus courante et la plus facile à utiliser. Il aurait, dit-on, pris forme humaine pour ne pas intimider les mortels et pour ne pas creuser par trop le fossé entre les hommes et les dieux. Les miracles et les pouvoirs extraordinaires que ses biographes lui attribuent insistent bien sur le caractère hors du commun du philosophe. Cela se voit en outre, dans sa manière de parler, concise, proche souvent de l'apophtegme, dont seuls les initiés peuvent dévoiler « les étincelles de vérité » et les « transformer en flammes » (*V.P.*, § 161-162). Au moyen d'une semence infiniment petite, Pythagore attend que ses disciples, en tout domaine – mathématique, physique, astronomique, politique ou éthique –, fassent jaillir une multitude d'interprétations fécondes pour la pensée et la conduite de la vie.

Les *Hypomnêmata*, mémoires rédigés par les disciples pour ne pas risquer de perdre l'essentiel de la parole du Maître, ni d'oublier le beau nom de philosophie, témoignent de cette volonté de transmission de la mémoire selon une méthode symbolique, laconique et sibylline, comme le recours fréquent aux Sentences. Le langage crypté stimule l'intelligence et la créativité de l'esprit. La sagesse du Maître de Samos est placée, sans nul doute, sous les auspices de la divinité, par les deux « biographes » néoplatoniciens du IIIe siècle, Jamblique et Porphyre.

Mi-homme, mi-dieu, initié à différents Mystères dont ceux d'Orphée, le fondateur de l'école est habité par un souffle venu d'ailleurs qu'il a pour mission de transmettre. Avec Porphyre et Jamblique, la philosophie devient révélation d'essence théologique. Le sage devient le dépositaire d'un message

divin[1]. Il doit communiquer nécessairement avec le dieu
pour transmettre un dire, un être, ou un faire dont il n'est pas
la source. Dans l'école pythagorique, seuls seront dignes de
capter le message, de l'entretenir à leur tour, puis de le propa-
ger, les disciples sortis victorieux des épreuves parsemant les
longues années d'initiation, dont les trois années de probation
et les cinq années vouées au silence! Tout est mis en œuvre
pour que la parole ne soit plus vide, vaine, superficielle, mais
au service du *logos* qui l'anime et le rend digne de lui.

La maîtrise de la parole est vue comme un élément
fondamental de la maîtrise de soi, dans l'acte comme dans le
jugement (*V.P.*, § 72-74; § 187-188; § 195). Du *Logos* divin au
logos humain la correspondance analogique doit être garantie,
établie, puis entretenue, propagée et partagée.

Ésotérisme et universalisme

Au terme de l'initiation réussie, deux groupes de « sages »
se détachent, dignes de s'approcher du Maître et de se déclarer
enfin pythagoriciens : les acousmatiques – politiques, admi-
nistrateurs, législateurs –, voués à l'organisation du sensible
et les mathématiciens, familiers de l'intelligible, consacrés à
l'étude pure (*mathèma*) et pour cette raison, jugés supérieurs
aux premiers. La hiérarchie des valeurs étaiera pendant des

---

1. M. Dixsaut et A. Brancacci, *Platon source des Présocratiques*, Vrin,
Paris, 2002. L. Brisson, *Platon, Pythagore et les Pythagoriciens*, p. 28. Luc
Brisson renvoie au § 1 de la *Vie de Pythagore* par Jamblique : « Dans toute
entreprise de philosophie, c'est la coutume de tout le monde, au moins chez les
sages, d'invoquer l'aide du dieu ; mais dans le cas de la philosophie qui porte le
même nom que Pythagore, lequel était surnommé à juste titre divin, il convient
encore plus de le faire : en effet, comme cette philosophie a été enseignée à
l'origine par les dieux, il n'est pas possible de s'en saisir autrement que par
l'entremise des dieux ». Voir aussi § 7, 9, 30 et Platon, *Timée*, 27 c.

siècles la classification des arts et des sciences, l'orientation de l'éducation, même si le rapport à la vie contemplative connaîtra, dans l'histoire, des bifurcations d'orientation allant de la science à l'attitude plus religieuse, de l'investigation du monde à la piété. À partir du second siècle de notre ère, ce n'est plus la science, en effet, qui mène à Dieu, mais la piété. La figure du prophète et du thaumaturge se substitue peu à peu à celle du savant[1]. Sans doute cela est-il déjà perceptible dans les deux « biographies » du IIIᵉ siècle.

La conception de la sagesse issue de Pythagore y ouvre à son insu, peut-être, près de dix siècles auparavant, car elle croise en constance le merveilleux et l'extraordinaire. Elle est dépeinte comme le lot d'hommes exceptionnels. Encore ésotérique, fondée sur une culture du secret, apanage de la science réservée aux seuls initiés, elle deviendra peu à peu matière d'un enseignement plus ouvert et d'une pratique de plus en plus exposée à la visibilité. Coexistent dans l'école, une société secrète, fermée sur ses particularités et une société ouverte sur l'universel de par son rôle politique et l'importance accordée à la philosophie comme à la science[2]. Ni les femmes ni les étrangers n'en étaient exclus.

Porphyre, dans sa *Vie de Pythagore*, ancrée sur les mêmes sources[3] que Jamblique dont il fut le maître, voit en Pythagore

---

1. A.J. Festugière, *Études de philosophie grecque*, *op. cit.*, p. 131.

2. J.-F. Mattéi, *Pythagore et les pythagoriciens*, Paris, P.U.F., 1993, p. 21-22.

3. Porphyre, *Vie de Pythagore* (*Vit. P.*), *Lettre à Marcella*, trad. fr., Éd. Des Places, Paris, Les Belles Lettres, 1982, p. 13 *sq*. Les sources de la *Vie de Pythagore*. La source commune de Diogène Laërce, Jamblique et Porphyre relève d'une compilation d'extraits de Nicomaque de Gerasa (fin IIᵉ siècle), de Moderatus de Gadès, un contemporain de Néron, Apollonius de Tyane et en remontant beaucoup plus avant, à Héraclide du Pont puis Aristoxène de

un être hors du commun, doté d'un rare savoir, d'un esprit capable de remonter le cours du temps, jusqu'à vingt générations humaines, apte à percer les mystères du monde, à écouter l'harmonie universelle des sphères et des astres qui s'y meuvent, mais «que la médiocrité de notre nature nous empêche d'entendre» (*Vit. P.*, 30 et *V.P.*, § 63, 65-67).

Un hiatus existe bien, chez Jamblique et Porphyre, entre le Sage et l'homme du commun. Ils soulignent l'un et l'autre sa «conformation exceptionnelle pour ce qui était de voir, d'entendre et de penser» (*V.P.* § 67). La divinité lui avait octroyé le don de saisir les archétypes premiers et purs, sans besoin de traduction ou de médiation (*V.P.*, § 66). On ne peut que souligner, bien sûr, la lecture platonisante de Pythagore léguée à la postérité par les deux néoplatoniciens.

Leur philosophie place la sagesse au plus haut dans l'échelle des valeurs et des vertus. Elle est un vecteur de salut et un instrument de guérison pour ceux qui n'y sont pas encore parvenus. Pythagore guérit les malades du corps et de l'âme. Ses dons supérieurs lui viennent d'ailleurs, mais il ne choisit pas de les garder pour lui. «Il était venu prendre soin des hommes et pour leur avantage, s'il avait une forme humaine, c'était pour éviter que décontenancés par sa supériorité, les humains ne fussent troublés et ne se détournassent de l'enseignement qu'il offrait» (*V.P.*, § 92).

Son humanité n'était-elle que d'apparence? Juste pour ne pas effrayer ou rebuter? Elle désigne autre chose que l'ordinaire, tant réside en elle de perfection, d'exhortation au dépassement des limites sclérosantes de l'esprit et du corps. Sa conception de la sagesse implique des exercices spirituels

Tarente au IVe siècle avant notre ère, anti-platonicien, disciple d'Aristote. Pour l'ensemble, sept cents ans de commentaire et d'interprétations.

poussés dans l'ordre du savoir théorique, mais aussi une médecine de l'âme à pratiquer sans relâche, ce que la philosophie hellénistique et post hellénistique ne fera que reprendre aux âges de l'Empire romain notamment. Science et art de vivre ne se disjoignent pas dès les origines les plus lointaines de la philosophie grecque. Vie théorique et vie pratique sont scellées dans une même aspiration de l'esprit à ne pas se contenter d'une existence vouée à l'immédiat du sentir et de l'opiner. Elles impliquent une distanciation réitérée par rapport au sensible, à ses attraits, à ses appâts et une conversion reprise elle aussi chaque jour pour se rapprocher de l'intelligible.

Trois types de sages

L'on sait combien Platon et Aristote valoriseront le schème ternaire, mis en exergue originairement par Pythagore, pour distinguer trois sortes de vies. Le texte de la *République* IX se livre à une magistrale peinture de la tyrannie et de ses méfaits. Il nous met en garde contre une trop grande importance accordée aux « parties » de l'âme non rationnelle.

Trois types d'hommes sont ainsi dépeints : celui qui ne recherche que plaisirs et voluptés avec pour corollaires, l'appât du gain et de l'argent nécessaires à sa quête sans fin ; celui qui cultive la force, la domination, la réputation et la gloire, se livrant sans trêve, à une course effrénée aux honneurs, aux grandeurs d'établissement ; le troisième, tendu en constance vers la saisie totalisante de la vérité qui seule, apporte à celui qui s'y consacre, le vrai plaisir de l'esprit. Celui-là seul est ami de la science et de la sagesse, note Platon (*philomathès kai philosophon*, *République*, IX, 581 b).

La sagesse ne réside ni dans le désir et l'intérêt, quelles qu'en soient les formes, ni dans les honneurs amassés et cultivés pour eux-mêmes. Elle est l'apanage de celui qui se voue, grâce à sa raison, à l'exercice de son jugement, à la contemplation du vrai, au plaisir pur qu'ils engendrent. Le recours à la figure du monstre polycéphale met en scène la tyrannie des désirs et des jouissances nuisibles et aliénants. Elle montre combien la partie rationnelle de l'âme humaine est la plus noble, mais aussi la plus petite en extension, la plus cachée, comparée à la démultiplication sans fin des passions et des intérêts, à leur exhibition toujours démesurée, toujours tentaculaire. L'homme vertueux et juste, épris de sagesse, dépasse d'une prodigieuse distance « en décence, beauté et mérite », l'homme méchant et injuste (*République*, IX, 588 a). Le grand nombre (*plêthos*) ne peut être philosophe. Seuls quelques-uns méritent la qualification de « sages ».

Sur ce point, même dans une autre approche philosophique du Bien, Aristote demeurera fidèle à Platon. L'*Éthique à Nicomaque*, s'arrête, elle aussi, dès l'ouverture, aux trois types de vie qui représentent trois conceptions du bonheur. La foule et les gens les plus grossiers préfèrent la vie de jouissance. Les gens cultivés préfèrent l'honneur ou les honneurs qu'ils pensent à tort la fin de la vie politique. Seule une petite fraction accorde la préséance à la vie contemplative. Le livre I (III, 1095 b 14-1096 a 5) n'a pas vocation à traiter de ceux-là, mais le livre X. Plaisir, honneur, contemplation marquent cependant, dès l'ouverture de l'*Éthique*, trois vecteurs existentiels, trois conceptions du bien, qui distinguent la valeur des hommes. La vie des affaires est écartée par Aristote comme vie de contrainte, recherchant la richesse comme fin en soi, alors qu'elle ne peut être qu'un moyen en vue de quelque chose d'autre.

Trois types de vies, trois sortes d'hommes, puis trois conceptions de la sagesse, par exemple, chez Plotin.

L'attrait des plaisirs sensibles est le lot initial de tous. Quelques-uns en font une philosophie. Plotin [1] vise ici, sans les nommer, les épicuriens qui placent le centre de la sagesse dans le plaisir, l'*hêdonê*. « Ils sont comme ces lourds oiseaux, qui tiennent beaucoup de la terre et que leur poids rend incapables de s'envoler très haut, bien que leur nature leur ait donné des ailes ». L'épicurisme est présenté comme une déviation de la raison, une perversion qui la fige à l'unique impression des choses sensibles, pensées comme les premières et les dernières. Le présenter sous cet angle exagérément simplificateur sert, bien sûr, la propre thèse de Plotin et surtout ici sa méthode. Il part de ce qui est pour lui le plus bas degré de la sagesse pour, graduellement, s'élever au plus haut.

Dans l'entre-deux, les stoïciens, non nommés là encore, attestent une élévation par rapport au sensible. « La partie supérieure de leur âme » les pousse à passer de l'agréable (*kalon*) à l'honnête (*ekglogas*) dans une recherche de la vertu pour leur vie pratique. Ils ne parviennent pas à aller plus loin, c'est-à-dire à contempler les régions supérieures. Seuls y accèdent la troisième sorte de sages, « hommes divins (*theiôn anthrôpôn*) par la supériorité de leur pouvoir et la pénétration de leur vue ». Ils voient la lumière d'en haut, ne s'enferment pas dans le sensible, s'en évadent même pour séjourner dans la région supérieure. Ils regardent alors de haut toutes les choses d'ici-bas. « Ils se plaisent dans cette région de vérité qui est la leur, comme des hommes, revenus d'une longue course

---

1. Plotin, *Ennéades*, V, IX, trad. fr., É. Bréhier, Paris, Les Belles Lettres, 1931, p. 161.

errante, se plaisent dans une patrie bien gouvernée». La proximité avec le divin est leur lot et marque, en effet, leur retour à leur vraie patrie. L'on aura reconnu, dans ce troisième type de sages, les Platoniciens, les seuls, selon Plotin, qui n'usurpent pas ce titre.

TEXTES ET COMMENTAIRES

TEXTE 1

ÉPICTÈTE
Entretiens, II, XIX, § 20-28 [1]

(20) Ainsi, observez-vous vous-mêmes dans vos actions, et vous découvrirez la secte à laquelle vous appartenez. Pour la plupart, vous découvrirez que vous êtes Épicuriens, pour quelques-uns, Péripatéticiens et même des Péripatéticiens relâchés ; (21) (car votre conduite témoigne-t-elle que vous considérez la vertu comme égale ou même supérieure à tous les autres biens ?). (22) Mais montrez-moi un Stoïcien, si vous en avez un ; où est-il ? comment est-il ? Les formules stoïciennes, oui, ils sont des milliers à les répéter. Répètent-ils moins bien les formules épicuriennes ? ne connaissent-ils pas, avec la même précision, les péripatéticiennes ? (23) Qui donc est Stoïcien ? Comme nous appelons statue de l'école de Phidias une statue sculptée selon la technique de Phidias, montrez-moi donc quelqu'un qui soit formé selon les dogmes qu'il affirme en paroles. (24) Montrez-le moi malade et heureux, en danger

1. *Les Stoïciens*, trad. fr., É. Bréhier, tome II, Paris, Tel-Gallimard, 1997, p. 935. Voir aussi Épictète, *Entretiens*, trad. fr., J. Souilhé, Paris, Les Belles Lettres, 2002, Livre II, XIX, 20-28, p. 82-83.

et heureux, exilé et heureux, méprisé et heureux. Allons, montrez ; par tous les dieux, je veux voir un Stoïcien. (25) Mais vous n'avez à me montrer personne qui soit entièrement formé ; montrez-moi du moins quelqu'un qui se forme, qui ait du penchant pour le stoïcisme ; Soyez bon pour moi ; ne refusez pas à un vieillard un spectacle qu'il n'a jamais vu jusqu'ici. (26) Pensez-vous que vous avez à me montrer le Zeus ou l'Athéna de Phidias, une statue d'ivoire et d'or ? Non pas ; que l'un d'entre vous me montre l'âme d'un homme qui ait la volonté d'être d'accord avec Dieu, de ne faire reproche ni à Dieu ni aux hommes, de toujours réussir, de ne pas tomber sur des obstacles, de n'avoir ni colère ni jalousie, en un mot (car pourquoi compliquer ?), (27) qui désire d'homme devenir dieu, qui, dans ce corps de mort, songe à s'unir à Zeus. (28) Allons, montrez ! ...Mais vous n'avez personne. Pourquoi jouez-vous de vous-mêmes, et trichez-vous avec les autres ? Pourquoi vous promenez-vous revêtus des habits d'un autre, en voleurs et en pillards de mots et d'idées qui ne vous concernent en rien ?

QUI DONC EST STOÏCIEN ?

LES *MÉMORABLES* D'ARRIEN

Au second livre des *Entretiens* (*Diatribai*) d'Épictète, rapportés par Arrien, le disciple qui suivit deux ans durant, sous Trajan, ses leçons à Nicopolis et les transcrivit alors en huit livres – il nous en reste quatre –, le chef de l'école stoïcienne d'alors use ouvertement de la diatribe.

La diatribe, inaugurée par les cyniques, ancêtres des stoïciens, appartient au genre de la leçon ou de la prédication morale sur les thèmes chers à la « philosophie populaire », généralement de nature éthique. Composée en prose, elle oppose souvent des arguments à un « adversaire fictif » et traite de lieux communs chers à l'éthique. Le Maître, philosophe, la prononce devant un public d'auditeurs. Musonius Rufus, le maître d'Épictète, le plus grand stoïcien de l'époque, était coutumier de son usage.

Le disciple devenu maître à son tour en perpétue le style. Imitant Platon, les *Entretiens* mêlent la méthode éristique et la

méthode dialectique de type socratique, à des fins
pédagogiques. Ils utilisent pour cela une langue simple, la
langue commune du peuple à l'époque hellénistique et
romaine, la *koinè*. Bannis les lourdeurs, l'inutile complexité,
l'apparat. Seul compte d'aller sans figures rhétoriques inutiles,
à l'essentiel. Épictète apostrophe ses disciples, les oblige à
évaluer avec lui l'adéquation ou non de leurs paroles aux actes,
à mesurer leur fidélité ou non aux principes de la doctrine
choisie parmi d'autres, aussi présentes et vivaces dans
l'Empire de Rome, en ce second siècle de notre ère que dans la
stricte période hellénistique[1], comme l'épicurisme ou le
péripatétisme.

L'âge hellénistique se reconnaît, entre autres
caractéristiques de poids, à la floraison des «écoles
(*haireseis*)» ou «sectes (*sectae*)», à leur coexistence le plus
souvent pacifique, facteurs d'attirance et de stimulation
intellectuelle pour la jeunesse cultivée de Rome. Nicopolis
– lieu d'exil d'Épictète, après le décret sénatorial de bannir de
la Ville philosophes, mathématiciens et astrologues, sous le
règne de l'empereur Domitien, probablement en 94 – était en
Grande Grèce un lieu d'embarquement aisé pour se rendre en
Italie et un lieu d'échanges facilité dans les deux sens. Point

1. Classiquement, la période hellénistique est dite couvrir la période allant
de la mort d'Alexandre le Grand en 323 avant notre ère ou celle d'Aristote
en 322, jusqu'à l'avènement d'Auguste en 27 avant Jésus-Christ. André-Jean
Festugière évoque une seconde période hellénistique, «l'impériale», qui
couvre trois siècles : Iᵉʳ siècle avant notre ère jusqu'au second siècle après, soit la
fin du paganisme avec Marc Aurèle († en 180, empereur romain de 161 à 180).
Voir de A.-J. Festugière, *L'Enfant d'Agrigente*, *op. cit.*, p. 203 *sq.*, *Cadre de la
mystique hellénistique*. Plus simplement, on peut décider d'appeler romain ou
impérial, le stoïcisme des deux premiers siècles de notre ère. Il atteste la
«délocalisation» progresive d'Athènes vers Rome et son Empire.

stratégique pour la culture, l'école voyait venir en son sein des aspirants à la philosophie de toute nature. Les uns soucieux d'effets oratoires et déçus par leur absence, les autres séduits par la capacité du maître à déjouer les faux-semblants des pseudo attitudes philosophiques et désireux de progresser dans la voie choisie, voire de l'imiter.

Arrien de Nicomédie, l'historien désireux de rétablir la vérité sur Alexandre le Grand, l'admirateur de Xénophon au point de s'identifier parfois à lui jusque dans les titres de ses ouvrages, fut de ceux-là. Il séjourna deux ans à Nicopolis, vers 108, à l'écoute attentive d'Épictète. Sa prise de notes est le témoignage le plus précieux sur la nature d'un enseignement qui, sans lui, ne nous aurait sans doute pas atteint.

Les *Diatribai*, ou Propos d'Épictète, peuvent légitimement être comparés aux *Mémorables* (*Apomnèmoneumata*) de Xénophon, soucieux de porter à la postérité la mémoire d'un Socrate condamné injustement par le tribunal démocratique populaire d'Athènes. L'historien Xénophon cherche à rétablir la véracité des faits et à laver Socrate des accusations qui, six ans après sa mort, continuent d'être cultivées et propagées par ses détracteurs. La facture historienne des *Mémorables* obéit à une double visée éthique et politique. Elle sert un devoir de mémoire cher aux amis philosophes de Socrate, comme Antisthène et Platon, historiens, comme Xénophon, absent au moment du procès, car en campagne militaire en Asie. Il concourt à sa manière, à une défense *post mortem* de Socrate.

Les *Diatribai* d'Arrien n'obéissent pas à un dessein de défense politique, mais seulement à un souci de transmission d'une méthode pédagogique et d'un enseignement philosophique riche de la longue et vivace tradition stoïcienne.

Elles sont présentées par le disciple, dans sa lettre-préface[1], comme des *Logoi*, des Discours, des *Hypomnèmata*, des Mémoires, destinées à inscrire dans le temps court de la présence orale, mais aussi dans la longue durée de l'histoire écrite et de la postérité, l'essentiel des leçons du Maître.

Les *Hypomnêmata*[2] – depuis l'éclairage célèbre que Platon a légué dans le *Théétète* (143 a) et dans le *Phèdre* (275 a-b), distinguant la *mnêmê*, la véritable mémoire vive, comme l'*anamnèse*, de l'*hypomnèsis*, la simple remémoration –, désignent ici les notes prises par Arrien, pour garder en mémoire les leçons d'Épictète, en leur forme et contenu, aussi vivantes que possible, aujourd'hui et demain, comme hier. Marc Aurèle, dans ses *Pensées*, aime, de son côté, évoquer l'influence bénéfique sur lui des *Mémoires* d'Épictète que lui a fait connaître Junius Rusticus, son maître stoïcien, plus tard, son conseiller intime. Il rend hommage aux *Epiktèteia Hypomnèmata* dans les *Pensées* ou *Écrits pour lui-même*[3] (I, 7). L'empereur philosophe doit beaucoup à l'ancien esclave d'Épaphrodite, affranchi sans doute vers 94, pour son insigne force d'âme. L'empereur écrit pour lui-même, l'ancien esclave

1. *Les Stoïciens*, *op. cit.*, p. 807 et Épictète, *Entretiens*, trad. fr., J. Souilhé, Livre I, Paris, Les Belles Lettres, 2002. Voir la Lettre d'Arrien à Lucius Gellius, p. 4 et l'introduction de Joseph Souilhé, p. XI-XIII (les divers titres).

2. P. Hadot, *La citadelle intérieure*, Introduction aux *Pensées* de Marc Aurèle, Paris, Fayard, 1997, Les *Pensées* comme *Hypomnèmata*, p. 45-49; *L'enseignement d'Épictète*, p. 74-81; *Le stoïcisme d'Épictète*, p. 89-117. Voir aussi Marc Aurèle, *Écrits pour lui-même*, trad. fr., P. Hadot, Paris, Les Belles Lettres, 1998, Livre I, 7, Notes complémentaires, p. 3, note 2, 23, ainsi que l'Introduction, p. LXXXVIII.

3. Marc Aurèle, *Écrits pour lui-même*, *op. cit.*, p. 1 : *Markou Antôninou Autokratoros tôv eis heautôn*, et Introduction de Pierre Hadot, p. XXVI-XXVII; *La citadelle intérieure*, *op. cit.*, p. 38-39.

fonde une école et prend en charge le salut intellectuel et moral de ses disciples.

Le ton de la conversation inhérent à la mémoire de l'enseignement d'Épictète est respecté par Arrien, qui choisit de s'effacer comme écrivain. Il ne rédige pas, il rapporte. Il semble – feint de ? – s'étonner que ses notes de cours soient tombées « contre son gré » et « à son insu » dans le domaine public, qu'elles suscitent autant de réactions chez les lecteurs. Qu'en penserait Épictète qui se souciait peu de l'académisme littéraire, mais plutôt de l'effet cathartique, purgatif, de ses propos sur des auditeurs parfois lents à comprendre ou à vouloir comprendre ? Il se serait peut-être réjoui d'atteindre les esprits, d'œuvrer à leur réveil, par delà la mort.

Le philosophe n'avait, en effet, qu'une préoccupation : exhorter au bien les esprits des auditeurs, les marquer par une manière de parler, simple et directe. Conception thérapeutique de la parole, initiatrice d'un mouvement de conversion intellectuelle à portée éthique. Souvent l'auditeur recevait le message comme il était émis. Le maître en communication orale avait alors obtenu le but escompté. Les notes d'Arrien parviennent-elles à mettre en scène, mieux, à faire goûter, cette relation duelle du maître et du disciple désireux de progresser ? N'est-ce pas la seule question qui vaille, se demande leur rapporteur ? Car lire Épictète n'est pas l'entendre ! Les images graphiques du discours ne sont pas le discours. Elles ne peuvent répondre ou exprimer leurs difficultés. Peut-on parvenir par le plus grand respect de l'oralité, par la volonté de la rendre présente, à faire revivre à l'écrit quelque chose de la scène initiale ? Arrien l'espère. Mais sa modestie de transcripteur, conscient de pouvoir échouer, même dans le cadre strict de « notes servant d'aide-mémoire », traduit sa lucidité. De plus, il n'a assisté aux leçons d'Épictète que pendant une courte période, deux années, sur vingt-cinq ou trente ans. Il livre donc un instantané d'une durée nécessairement brève, même si souvent fort éloquente.

L'absence d'exposés techniques et systématiques touchant au stoïcisme – notamment à la physique astrale – dans les *Entretiens* trouve peut-être sa raison d'être dans ces deux années de présence du rapporteur. Les *Diatribai* ne condensent pas les aspects spéculatifs du cours, les commentaires serrés des maîtres de l'ancien stoïcisme, Zénon et Chrysippe, mais des « appendices du cours », selon la formule d'Aulu-Gelle et Plutarque [1]. Les exégèses des textes d'école sont mentionnées allusivement par Épictète (I, 10, 8 ; 26, 1 *sq.* ; II, 14, 1 *sq.* ; 21, 10 ; *Manuel*, § 49).

Le contenu du cours était un protreptique constamment renouvelé suivant les thèmes, les objets du discours et de l'analyse. Il exerce à guérir de ce mal insidieux, combattu naguère par Socrate : l'ignorance ignorée ou la présomption de science. À quoi sert l'école, sinon à se soigner, à se purger d'opinions fausses, à prendre enfin conscience de ce qui, seul, est nécessaire, à mesurer la force vive de la logique pour l'éthique ? (*Entretiens*, II, 21, 15 et 22). Apprendre à raisonner fonde l'action droite. Le métier d'Épictète n'était-il pas avant tout l'usage correct des représentations ? La pensée (*dianoia*) est la matière que toute sa vie il a voulu travailler, comme le charpentier le bois ou le cordonnier le cuir (III, XXII, 20). Ce sont les affres de ce labeur qu'Arrien doit mettre au jour, rendre palpables et publics dans ses *Entretiens*.

---

1. Épictète, *Entretiens*, *op. cit.*, introduction de J. Souilhé, p. XXIX-XXX.

QUAND DIRE, C'EST FAIRE

Demander à des disciples qui ont délibérément choisi l'école (*hairesis*) du Portique (*Stoa*) – *hairésis* signifie d'abord choix, préférence – d'examiner leur degré véritable d'adhésion intellectuelle et morale aux dogmes stoïciens revient à poser la question la plus identitaire qui soit. Quelle conduite, quelle prise de position, quelle action, manifeste la légitimité d'un choix opéré en toute connaissance de cause, la fidélité construite jour après jour, à des principes validés par la pratique de la vie ? En quoi vous réclamez-vous de la sagesse stoïcienne dans vos actes effectifs, pas seulement intentionnels ? En avez-vous seulement le droit ?

Toute une tradition se tient ici que Sénèque peut-être, dans ses *Lettres à Lucilius*[1], a contribué fortement à immortaliser comme socle philosophique de la véritable sagesse. « La philosophie enseigne à agir, non à parler (*facere docet philosophia, non dicere*). Elle exige que chacun vive suivant la loi qu'il s'est donnée (*ad legem suam*) ; que la vie ne soit pas discordante au langage ou discordante en elle-même, qu'il y ait entre tous les actes unité de couleur. Voilà le principal office de la sagesse, et son principal indice : que les paroles et les actes soient à l'unisson (*ut verbis opera concordent*), que l'homme soit partout égal et identique à lui-même » (*Lettres à Lucilius*, II, 20, 2).

Sénèque reconnaît sans mal la difficulté de l'entreprise. Elle exige une métamorphose de soi quasi constante dont Lucilius décrit les étapes. Le soupçon cultivé envers le parler vide et vain est un élément fort de l'éthique stoïcienne. Le reproche est tellement justifié, qui dénonce les écarts jugés

1. Sénèque, *Lettres à Lucilius*, trad. fr., H. Noblot, Paris, Les Belles Lettres, 1962.

parfois scandaleux et honteux entre le dire et le faire (*Lettres à Lucilius*, III, 24, 15). Épictète s'inscrit dans cette tradition avec fierté. Il la revendique sienne et la veut partagée par ses disciples. La défiance vis-à-vis de la vacuité d'un dire non soucieux d'effectuation est au cœur des *Diatribai*. « Pourquoi te prétendre stoïcien, pourquoi tromper la foule ? » revient de façon récurrente dans le texte d'Arrien (II, 9, 19 ; II, 19, 19). L'enflure verbale ne vaut pas acte et ne le vaudra jamais.

Se dire stoïcien ne signifie rien, si l'on n'agit comme tel. La tonalité abrégée du *Manuel* en renforce l'exigence. « Ne te dis jamais philosophe…Fais plutôt ce que prescrivent les maximes » (*Manuel*, § XLVI). Inscris dans l'action tes préceptes. Exerce-toi à devenir stoïcien. Ne cherche pas le progrès ailleurs que dans l'œuvre (*to ergon*) à accomplir (I, 4, 17). Ne disjoins pas l'un et l'autre, combine-les en un tout unifié. Fais que ta volonté actualise ta pensée. Fais que ton désir soit à hauteur de la raison en acte, que ton assentiment ne faiblisse pas ou ne s'obscurcisse pas. L'*askesis* philosophique n'est-elle pas dans la conjonction harmonieuse de ces trois pôles indissociables ?

« Quel est l'homme qui s'exerce ? C'est celui qui s'applique à n'avoir de désir et d'aversion que pour ce qui dépend de la volonté et qui s'y applique plutôt dans les cas difficiles… Après le désir et l'aversion, le deuxième point concerne la volonté et le refus ; qu'ils obéissent à la raison… Le troisième point concerne l'assentiment envers ce qui persuade et entraîne » (III, 12, 8 et 13-14). Les trois *topoi* d'Épictète[1]

---

1. P. Hadot, *Exercices spirituels et philosophie antique*, Paris, Études augustiniennes, 1987, *Une clé des Pensées de Marc Aurèle : les trois Topoi philosophiques selon Épictète*, p. 135-172. Voir aussi la nouvelle édition, revue et augmentée, des *Exercices spirituels*, Paris, Albin Michel, 2002, p. 165-191.

– désir, volonté, représentation – attestent ici leur implication mutuelle et la nécessité vitale de leur relation.

L'admonestation du philosophe, dans un ton d'éloquence sobre et virulente à la fois, renvoie à l'essentiel d'un engagement où doivent se nouer en tout et partout désir, volonté et jugement. Atteste-t-il ce lien étroit? Que vaut-il en vérité? N'est-il pas fondé sur du sable, sur une présomption de science, sur une illusion, ou pire, sur une hypocrisie, un mensonge?

Le ton du texte invitant à trouver un stoïcien digne de ce nom, relève de la dialectique, discours impliquant questions et réponses à des fins de détection de la vérité. Il apostrophe des individus et les soumet à l'examen de leurs actions les plus quotidiennes. Il les contraint à s'auto analyser, voire à se reprendre en mains d'eux-mêmes, lorsqu'ils auront saisi ce qui les empêche de se dire, de se croire, de se penser réellement stoïcien. La légèreté plus ou moins ostentatoire de l'adhésion verbale au stoïcisme ne sied décidément pas à Épictète.

Dire, c'est faire. Pour que la sagesse à laquelle les disciples prétendent ne demeure un vain mot, sans véritable corporéité, sans contours palpables, ils doivent donner des preuves de leur adhésion à la philosophie choisie parmi un ensemble riche en diversité. Ils doivent tout mettre en œuvre pour que leur *logos prophorikos* – exprimé ou proféré – soit la plus fidèle expression de leur *logos endiathetos* – la disposition intérieure –. Aucun hiatus ne doit s'interposer entre l'intention et l'acte, entre le dire et le faire. Sans relâche, le maître veille et exhorte à cela.

CONVERSION ET MÉDECINE

La finalité de la diatribe philosophique, comme autrefois chez Platon, la dialectique, vise-t-elle autre chose que la conversion (*épistrophê*), entendue à la fois comme radical changement d'orientation et comme retour au soi authentique, un retour à l'origine ? Si un effet de ce type ne se produit pas, l'on peut légitimement douter du désir de sagesse de l'auditeur. Le discours protreptique « a le pouvoir de faire voir à un seul ou plusieurs, le conflit dans lequel ils s'abîment et de leur montrer qu'ils songent à tout autre chose qu'ils ne veulent » (III, 23, 34). Il tend à inquiéter, à provoquer un « retour sur soi » et surtout à transformer radicalement pensée et attitude au point de déstabiliser de façon salutaire celui dont la route risque de se fourvoyer de plus en plus.

La conversion platonicienne insistait sur le changement de direction (*periagôgê*) du regard : des ombres, il devait pouvoir accéder à la lumière, de l'illusion du savoir au savoir, par degrés successifs, en respectant les étapes, le temps des « passages » (*République*, VII, 518 b *sq.*). Nulle brusquerie, nulle brutalité ne devaient frapper l'initié, mais bien plutôt un profond respect de sa temporalité propre, une fois perçu le désir authentique de la métamorphose. L'habitude, l'exercice, l'apprentissage du raisonnement, tout cela devait concourir au radical changement d'orientation d'une âme jadis éprise d'opinion, aujourd'hui, désireuse de science, de vérité et de vertu. Conversion intellectuelle s'il en est, aux incidences politiques et éthiques. L'éducation, la formation du citoyen, du philosophe, appelle, exige, la conversion.

L'âge hellénistique et romain infléchira cette exigence dans une sens plus éthique, plus « individuel » aussi, plus « existentiel », peut-être. La parole du maître en philosophie se veut un instrument de conversion de l'âme des auditeurs, de radicale transformation de leur art de vivre (nourriture, vêtement, organisation individuelle et collective de l'existence, renoncement parfois à des carrières politiques). Le ton d'Épictète, comme sa philosophie, convient à la mutation, à la transformation de soi en direction de l'essentiel – ce qui dépend de nous –, non de l'aléatoire – ce qui n'en dépend pas –.

Se convertir implique de se guérir des maladies les plus courantes qui touchent l'être comme l'avoir. Se dépouiller de ce qui encombre, se purifier de ce qui souille, comprendre que l'homme est une partie du monde dont la place et le rôle sont spécifiques, alloués par Providence ou Destin bienveillants, consentir à leur ordre sans sourciller, tels sont les éléments d'un devenir stoïcien auquel Épictète appelle, à défaut d'en voir un réalisé en plénitude, conforme à l'idéal. Il invoque sa vieillesse, implore. « Ne refusez pas à un vieillard un spectacle qu'il n'a jamais vu jusqu'ici..Que l'un d'entre vous me montre l'âme d'un homme qui ait la volonté d'être d'accord avec Dieu, de ne faire reproche ni à Dieu ni aux hommes, de toujours réussir, de ne pas tomber sur des obstacles, de n'avoir ni colère ni jalousie…qui désire d'homme devenir dieu ». La quête est précise, clairement balisée.

Où est-il ce « converti au stoïcisme », en est-il un qui soit seulement en marche vers cette conversion ? Peut-on le voir ? « Vous n'avez personne » ! regrette le philosophe, sans toutefois se décourager ou s'abîmer dans le désespoir. Car son rôle de maître demeure intact, comme jadis le maître platonicien, surveillant la sortie de la caverne, œuvrant à son bon déroulement. Il doit faire comprendre à ses disciples ce qui les sépare de la conversion, ce qui leur manque – à lui comme à eux – pour qu'elle s'opère. Car « rien d'autre n'est en notre pouvoir que l'usage correct de nos représentations »

(II, 19, 32). L'axiome central du stoïcisme pleinement compris, c'est-à-dire agi, ouvre à la conversion, dirige vers elle, si l'on s'y conforme.

Pour concourir à ce mouvement, le philosophe doit se faire médecin. Cicéron, dans les *Tusculanes*, aime à définir la philosophie comme « une médecine de l'âme (*medicina animi*) » (III, 6). Il reste en ceci fidèle, lui aussi, à Platon qui exhortait à « habituer constamment son âme à venir aussi vite que possible guérir ce qui est malade, relever ce qui est tombé, et à supprimer les lamentations par l'application du remède » (*République*, X, 604 b-d). La philosophie bien comprise, bien assimilée, quotidiennement pratiquée, n'est-elle pas le plus beau, le plus noble, le plus durable *pharmakon* que les hommes aient à leur disposition ?

Épictète, près de six cents ans après Platon, recommande de venir – ou de revenir – à son école pour guérir des troubles divers qui agitent l'âme. Mais qui y vient vraiment pour cela ? Qui en a compris l'urgence ? Qui ne préfère « pérorer » sur les préceptes de la philosophie sans le moins du monde les faire siens ! Et pourtant il faut soigner ses blessures, arrêter le flux des humeurs, calmer son esprit, le libérer de toute distraction, pour comprendre « quelle force possède la raison » ou, dit autrement, quelle force éthique possède la logique (II, 21, 22).

Riche de tous ces motifs, Épictète choisit de désigner son école comme un cabinet médical (*iatreion*) où l'on doit venir avec la volonté de guérir en prenant d'abord conscience des raisons de la maladie dont on souffre, en décidant fermement de tout mettre en œuvre pour y remédier. « En en sortant ce n'est pas du plaisir, c'est de la douleur qu'il faut éprouver » (III, 23, 30).

Socrate disait-il autre chose en décrivant les effets divers provoqués par sa maïeutique ? (*Théétète*, 150 b-151 b) Combien ont abandonné, découragés, fatigués, incapables d'aller plus avant dans le travail, lucides sur leurs capacités déficientes autant que sur leur volonté défaillante? D'autres, grâce à la maïeutique, se sont trouvés eux-mêmes, désireux de mener à terme les promesses dont ils étaient porteurs. Ils se sont attelés à la tâche, sans céder aux appâts de la facilité, de la paresse, sans céder non plus aux mirages de la présomption. Ils se sont peu à peu dépouillés de tout obstacle à la vie morale.

La méthode socratique est présente dans l'école d'Épictète, avec ses exigences, ses appels aux dépassements passionnels et intellectuels, son exhortation à la patience et à l'accueil du temps nécessaire à la formation, son rappel de la nécessaire kénose.

Socrate recommandait à Théodore de «demeurer vide (*kenos*)» pour ne pas encombrer les autres et lui-même d'un inessentiel nuisible (*Théétète*, 210 c). Combien le maître d'Arrien a-t-il enjoint de se déprendre de ce qui ne compte pas vraiment, combien a-t-il insisté, pour y parvenir, sur la lenteur de la maturation philosophique. «Si tu fleuris trop tôt, l'hiver te brûlera» (IV, 8, 37). Ne pas se flétrir, se donner le temps de la germination, du mûrissement, sans céder à la tentation de les hâter et de les détruire, telle est la base de l'exercice philosophique. Le «souci de soi» bien compris, fruit d'une longue ascèse, qui implique l'harmonie du penser et du dire, du dire et du faire, du vivre et du mourir, du vouloir et de l'agir, est un centre commun au socratisme et au post socratisme stoïcien. Il ne peut relever de la culture superficielle et mortifère des jardins d'Adonis.

Mais comment développer au mieux les dons que la nature ou le dieu ont mis en chacun? Comment ne pas se manquer soi-même? Comment ne plus risquer de s'égarer et de chuter dans le «contre nature» (*para phusin*), autre nom du mal? Si pour

Épictète, philosopher c'est « se trouver prêts pour tous les événements » plutôt que construire un système purement théorique, comment s'y préparer durablement (III, 10, 6)? Comment être stoïcien quand l'œuvre ne dépend que de soi?

L'ÉTHIQUE DANS LE SYSTÈME

Dès les premiers mots de sa diatribe, Épictète le moraliste, se double du logicien, conforme en cela à sa philosophie d'appartenance qui unit étroitement, depuis les origines de l'Ancien stoïcisme au IIIe siècle avant notre ère, les trois composantes de son système : physique, logique et éthique. Par exemple, pour mieux matérialiser par l'image le caractère organique du système, Diogène Laërce[1] rassemble les figures les plus couramment utilisées comme celle de l'œuf. « L'extérieur (la coquille) est en effet la logique, ce qui vient ensuite (le blanc) l'éthique, la partie la plus intérieure (le jaune), la physique ». Ou encore, celle de l'animal « les os et les tendons (renvoient à) la logique, les partie charnues, à l'éthique, l'âme à la physique ». La multiplication des images montre la nécessaire prise en compte de l'interdépendance des sphères dans le cadre stoïcien que nulle hiérarchie de valeur n'habite le plus souvent, contrairement aux philosophies précédentes, comme celle d'Aristote, par exemple.

Le stoïcisme impérial n'échappe pas à cette règle, même si l'éthique à première vue, peut paraître à cette période, – par la nature, le nombre, la fréquence des textes et des thèmes – l'emporter sur la logique et la physique. Il n'en est rien. Le caractère systématisé de la doctrine ressurgit vite dans un

---

1. Diogène Laërce, *Vies et doctrines des philosophes illustres*, *op. cit.*, 1999, VII, § 40, p. 818.

ordre propre aux philosophes de l'Empire, comme Sénèque, Épictète et Marc Aurèle.

Ainsi la logique, pour première et essentielle qu'elle soit aux yeux d'Épictète (I, 7 et I, 17), nécessite un passage lent et long par l'éthique, nourrie par la physique et la psychologie, pour être encore mieux assimilée et maîtrisée. Il est en effet besoin de savoir raisonner pour se conduire comme il convient. Il est besoin d'un critère de vérité pour débusquer l'erreur, la contrefaçon ou le mensonge, « discerner le vrai, le faux et l'incertain » (I, 7, 8). En étroite parenté, là encore, avec le modèle socratique, la vie morale dépend de la connaissance et de l'exercice du jugement. Chercher des prétextes pour ne pas travailler la logique, ne pas exercer sa raison, ne pas se donner les moyens de suivre adéquatement tel ou tel raisonnement, ne pas être capable de démystifier les sophismes, s'apparente à la faute (I, 7, 30).

Le débutant en philosophie doit se consacrer en premier lieu à cette étude. Elle lui est nécessaire pour connaître la nature et les plans de la Providence qui la structurent, pour orienter sa volonté, apprendre à maîtriser son assentiment, à choisir comme il convient, pour se connaître lui-même et les autres, pour se diriger dans la vie, pour agir, parler et raisonner correctement. Lorsque, au livre III des *Diatribai* d'Arrien, Épictète manifeste ostensiblement son admiration pour le cynisme dont le stoïcisme est en partie issu, il montre l'importance, en premier lieu, pour l'une et l'autre école, de la purification de la faculté maîtresse de l'âme, l'*hêgémonikon* (III, 22, 19). La pensée n'est pas donnée. Elle résulte d'un labeur.

Marc Aurèle sait gré à Épictète de cette constante insistance. « Que la partie directrice et dominante de ton âme ne change pas au gré du mouvement, facile ou agité, qui émeut ta chair ; qu'elle ne s'y unisse pas » (*Pensées*, V, 26). Ce qui touche au corps ne compte pas, seul compte ce qui touche au principe hégémonique de l'âme, la raison. Seul est à moi l'usage (*chrêsis*) de mes représentations (III, 24, 69 ; II, 23, 42). Seul est à moi l'usage des idées (*chrêsis phantasiôn*), selon la formule récurrente du *Manuel* (§ VI). Ce qui nous appartient en propre constitue ce qu'il est de meilleur et de plus haut en nous. Cela seul nous rend libres et heureux, maîtres de ce qui est en notre pouvoir. La logique représente la plus belle instance de libération de l'homme. Elle indique la tâche de l'homme de bien. Elle constitue un instrument efficace de la conversion attendue et exigée.

« La matière de l'homme moralement bon, c'est la partie dominante de son âme, comme le corps est la matière du médecin et de l'entraîneur, et le champ celle du cultivateur. La fonction de l'homme moralement bon, c'est d'user de ses représentations conformément à la nature. Toute âme incline naturellement au vrai, répugne au faux, suspend son jugement sur le douteux » (III, 3, 1-2). La prise en compte de la nature bonne montre une fois de plus, le lien de la logique, de l'éthique et de la physique dans le système stoïcien.

Avant le stoïcisme impérial, Zénon, Chrysippe et Cléanthe ont donné un exemple fort de ce lien, et avant eux encore, Antisthène, Xénophon, Démocrite, et, bien sûr, Socrate ou, autrefois, Pythagore (II, 17, 6-12). L'intrication de la logique et de l'éthique, puisant ses racines dans une connaissance de la nature extérieure et intérieure, immanente et transcendante, brille encore au fronton de leurs philosophies. Épictète se place sous leurs auspices. Son rationalisme le place dans une longue lignée de penseurs qui ont défendu l'universalité du « bon sens », partagée par le simple ou le sage.

Les prénotions, notions communes ou idées générales, principes, sont en effet, le lot de tous dès la naissance (I, 22 et

II, 11, 2-17). Chacun sait que « le bien est chose utile, que le juste est chose belle et convenable ». Seule leur application à des réalités singulières entraîne des divergences d'appréciation et d'opinion. Le sensualisme moral requiert alors un critère pour savoir user correctement de ses représentations. La représentation compréhensive[1] (*phantasia kataleptikê*), c'est-à-dire claire et évidente, porte en elle-même la marque du vrai. Elle est ce critère. « Nous ne donnerons notre assentiment (*sunkatathesis*) à rien dont nous n'ayons une représentation compréhensive » (III, 8, 4). L'assentiment transforme la représentation compréhensive en véritable compréhension, c'est-à-dire en « saisie » (*katalêpsis*) proprement dite de l'objet, en adhésion au vrai. Il ouvre à la science.

Objectivité, vérité, réalité forment dès lors, une indivise unité « corporelle ». Appliquée à la recherche du « vrai stoïcien », la quête rationnelle prend tout son sens : quête d'une réalité aux contours précis, palpables, repérables, « saisissables » et indubitables. Où est le vrai stoïcien, qui est le vrai, quand le sera-t-il ? Débarrassé de ses scories inessentielles – les mots vides dont il se pare, tel un masque mensonger, tel un personnage d'emprunt –, représentera-t-il un jour quelque chose, mieux, quelqu'un ? Épictète croit en la force du *Logos*. Il ne peut que triompher des déconvenues ponctuelles, conjoncturelles. Lui seul peut faire que le stoïcien fidèle à l'esprit, comme à la lettre du système, soit. Lui seul, c'est-à-dire l'homme éclairé, guidé, par sa lumière intérieure, peut conduire au sage. Il n'appartient qu'à soi d'être vraiment

---

1. Diogène Laërce, *Vies et doctrines des philosophes illustres, op. cit.*, VII, 54, p. 825. Voir aussi Long et Sedley, *Les philosophies hellénistiques*, tome II, *Les Stoïciens*, trad. fr., J. Brunschwig et P. Pellegrin, Paris, GF-Flammarion, 1987, 40 A-D ; 41 A-B, p. 187-190 et 210-212.

stoïcien. Le maître peut inciter à la chose, il ne peut se substituer à la volonté de celui qui décide ou non de se donner les moyens de sa réussite morale.

L'HOMME, FILS ET FRAGMENT DE DIEU

La raison à elle seule, comme faculté de juger, d'estimer, d'apprécier, est une norme de vérité à la condition que son usage soit bien exercé. Dieu l'a mise en l'homme, lui conférant par là même le statut de « fils de Dieu ». L'on se souvient du mot de Sénèque : « la raison n'est pas autre chose qu'une part de l'esprit divin plongé dans le corps de l'homme » (*Lettres à Lucilius*, 66, 12). Épictète y souscrit pleinement. Le pouvoir du bon usage des représentations, de la volonté réfléchie, la capacité d'œuvrer durablement au bien sont l'apanage de ce « spectateur de Dieu et de ses œuvres », doublé d'un « exégète » : l'homme. Il aurait vraiment à rougir de ne pas développer les talents spécifiques dont il a été gratifié (I, 6, 14-22). Seul dépend de lui l'usage correct de ses représentations, la vérité ou la fausseté, le bien ou le mal, répètent inlassablement les *Diatribai* (I, 1, 7). Le reste importe peu, puisqu'il ne dépend pas de nous. L'ouverture des *Entretiens* comme celle du *Manuel* (*Enchiridion*), n'ont de cesse de marteler ce point essentiel du stoïcisme d'Épictète : « Il y a des choses qui dépendent de nous ; il y en a d'autres qui n'en dépendent pas. Ce qui dépend de nous, ce sont nos jugements, nos tendances, nos désirs, nos aversions : en un mot, toutes les œuvres qui nous appartiennent. Ce qui ne dépend pas de nous, c'est notre corps, c'est la richesse, la célébrité, le pouvoir ; en un mot, toutes les œuvres qui ne nous appartiennent pas » (*Manuel*, I, 1).

Dieu nous a faits libres. « Il nous a non seulement fait don des forces qui nous permettent de supporter tous les événements sans en être abaissés ni brisés ; mais, comme un bon roi, comme un véritable père, il nous les a donnés libres, sans contraintes, sans obstacles ; il les a fait dépendre entièrement de nous, sans même se réserver pour lui le pouvoir de les empêcher ou d'y mettre obstacle » (*Entretiens*, I, 6, 40).

L'admonestation de tonalité éthique couvre un champ beaucoup plus large qu'il n'y paraît. Si la nature a fait don aux hommes d'une participation au *Logos* universel par le *logos* individuel qui les habite, ils doivent s'en montrer dignes en leurs jugements, leurs paroles et leurs actes. Sinon, ils sont responsables de graves éléments d'incohérence et fautifs vis-à-vis de la divinité, dont ils violent l'ordre. Nés de Dieu, les hommes partagent avec les dieux « la raison et la pensée » (*logos kai gnomê*), avec les animaux, le corps. Deux parentés les structurent, l'une divine et bienheureuse (*theian kai makarian*), l'autre, misérable et mortelle (I, 3, 1-3). La responsabilité du choix émanant de l'homme est entière, pour le meilleur comme pour le pire, comme l'affirmait déjà Platon dans la *République* X (617d). Honorerons-nous notre divine filiation ou régresserons-nous à l'animalité du loup, du lion ou du renard ? Rejoindrons-nous l'élite ou nous fonderons-nous dans la masse ?

Dieu a jeté ses semences principalement dans les êtres raisonnables qui seuls, forment une société avec lui et sont autorisés à se dire « fils de Dieu » (I, 9, 1-6). En retour, comment répondront-ils ? Centreront-ils leur attention sur leur divine parenté ? Mettront-ils tout en œuvre pour s'en montrer dignes ? Lorsque Dieu a fait don à l'homme de la *proaïrésis*, de la faculté du choix, il l'a « recommandé à lui-même », lui octroyant une volonté et une liberté autonomes, ainsi que des

règles pour en user bien. Pouvait-il faire plus (IV, 12, 12)?
Devant tant de bienveillance, de prodigalité, est-il pour
l'homme une issue plus sage que de se conformer pleinement à
l'ordre des choses émanant de la *poïēsis* divine? «Ne veuille
rien d'autre que ce que Dieu veut; quel obstacle, quelle
contrainte pourrais-tu alors subir?» (II, 17, 22). La confiance
en l'excellence du plan divin, à l'échelle du tout comme de la
partie, est totale. Elle appelle l'adhésion consentie, non subie.

Lorsque Épictète brosse le tableau du philosophe, la
simplicité frappe. Il condense en peu de mots la représentation
de la tâche (*ergon*): «adapter sa propre volonté à tous les
événements, de façon que rien n'arrive contre notre gré et que
rien ne manque d'arriver, si nous voulons que cela arrive. D'où
il résulte pour ceux qui ont compris cette tâche, qu'ils ne sont
point déçus dans leurs désirs, qu'ils ne doivent pas subir ce
qu'ils ont en aversion, qu'en ce qui les concerne, ils passent
une vie exempte de peine (*alupôs*), de crainte (*aphobôs*), de
trouble (*atarakhôs*), observant vis-à-vis du prochain l'ordre
des relations naturelles ou acquises (fils, père, frère, citoyen,
époux, femme, voisin, compagnon de route, chef, sujet» (II,
14, 7-8). La visée éthique, pour avoir des chances de se réaliser, implique une claire et distincte compréhension des lois
de la nature, une capacité de trier les tendances qui habitent
l'homme à partir d'une connaissance unie étroitement à son
vouloir.

La représentation de l'œuvre du philosophe implique la
capacité de la réaliser et dévoile les paliers pour y parvenir. La
première chose à apprendre concerne Dieu, le principe du
monde, de ses lois, de son plan providentiel. L'homme, partie
de ce plan, doit se fixer pour dessein de tout faire, de tout dire,
de toujours agir, «comme un émule de Dieu (*theou toinun
zelôtēn*, II, 14, 13). Explorer le lien nouant Dieu et l'homme,

s'en montrer digne dans l'accomplissement de la tâche incombant à un « fils de Dieu », tel est le point nodal de la philosophie stoïcienne, rappelé ici par Épictète. Ne jamais oublier sa divine condition. Tout mettre en œuvre pour demeurer à la hauteur de cette parenté naturelle qui élève l'homme au-dessus de l'animal.

Il « est un fragment de Dieu (*apospasma tou theou*) », une entité morcelée du souffle (*pneuma*) divin qui l'habite et le fait être (II, 8, 11). Il porte Dieu partout avec lui et il l'ignorerait ! Il ne s'agit pas d'un Dieu extrinsèque à l'homme, mais intrinsèque, au cœur de ce qu'il est de plus noble en l'humain, la raison. « C'est en toi que tu le portes et tu ne t'aperçois pas que tu le souilles et par tes pensées impures et par tes actions malpropres » (II, 8, 13). Quand te montreras-tu digne de la noblesse de ta naissance ? Car que tu le veuilles ou non, que tu le saches ou non, « tu es un dieu, ô homme » (II, 17, 33). Un dieu accompli ou un dieu déchu, telle est, pour lui, l'alternative. Le philosophe pour Épictète doit apprendre à vivre et à mourir comme un dieu (II, 8, 27) !

Et pour commencer à œuvrer dans une authentique direction, il met l'accent sur la nécessité de comprendre le sens et le poids des mots. Ce qui peut choquer l'auditeur, persuadé qu'il est d'assumer pleinement les incidences de ses déclarations verbales. Et pourtant l'admonestation du Maître se fait insistante : qui ose se dire stoïcien, qui maîtrise le sens de l'appellation, qui mesure ce qu'elle exige de hauteur de vue et de vie intellectuelle et morale ? qui peut « se montrer » digne de l'adhésion qu'il exhibe verbalement, mais non réellement ?

« Qui désire d'homme devenir dieu, qui, dans ce corps de mort, songe à s'unir à Zeus ? » Épictète rappelle les éléments fondateurs de la théologie stoïcienne oubliée, – ignorée ? –, de ceux qui croient appartenir légitimement à l'école. Qui est cohérent avec lui-même, avec les dogmes physiques, logiques, éthiques, de la secte (*hairésis*)? Qui peut se targuer de faire vivre à l'unisson son désir, sa volonté, sa pensée dans un exercice assumé, régulier, répété? Qui peut montrer ses progrès à son maître sans s'enorgueillir, mais en les lui dédiant car il est à l'origine de leur réveil?

LES TROIS *TOPOI* D'ÉPICTÈTE

À plusieurs reprises, déjà, ont été remarqués les liens étroits existant entre le désir (*orexis*), la tendance (*hormê*) muée en volonté, et l'assentiment donné à la représentation compréhensive (*phantasia kataleptikê*). Ce triptyque, cher à Épictète, présente une originalité réelle dans le système stoïcien. Ces trois lieux philosophiques, ces trois activités, ces trois opérations de l'âme, doivent aller de concert dans une quête authentique, c'est-à-dire agissante, de sagesse.

Le mot *topos* est employé dans la tradition stoïcienne, pour désigner les parties de la philosophie[1]. Épictète l'infléchit dans un sens propre. Il l'emploie souvent pour désigner les domaines dans lesquels doit se situer la pratique des exercices spirituels philosophiques. Comparons, avec Pierre Hadot, deux occurrences:

La première:

> En quoi consiste ton œuvre (*ergon*)? À avoir un désir qui ne manque pas son but et une aversion qui ne te fait pas tomber dans ce que tu veux éviter, à vouloir ou à refuser de vouloir de

1. P. Hadot, *Exercices spirituels et philosophie antique*, *op. cit.*, p. 138, note 12; nouvelle édition, note 2, p. 170. Pierre Hadot y renvoie à Diogène Laërce, *op. cit.*, VII, 39, 43, 84, 132, 160, 189 et à Clément d'Alexandrie, *Stromates*, IV, 25, 162, 5.

manière à rester irréprochable, à donner ou à suspendre ton assentiment (*prosthesis*) de façon à ne pas te tromper. De ces trois points (*topoi*), le premier est aussi le plus nécessaire (I, 4, 11-12).

La seconde :

Il y a trois sujets auxquels doit s'exercer l'homme qui veut être honnête; le premier concerne les penchants et les aversions, afin de ne pas manquer le but des penchants et de ne pas se heurter à l'objet de notre aversion. Le second concerne le vouloir et le refus du vouloir, et, d'une façon générale, la question du devoir[1], afin de l'accomplir avec ordre, d'une manière raisonnée et sans négligence. Le troisième s'occupe d'éviter l'erreur et de ne pas s'abandonner au hasard; c'est la question de l'assentiment (III, 2, 1-2).

Il est intéressant de souligner l'ordre avec lequel Épictète traite des trois *topoi* : de la purification du désir à la volonté ordonnée, raisonnable, attentive, puis de la volonté à la discipline de l'assentiment. En d'autres termes, de la physique – visant ici la discipline du désir de ce qui seul dépend de nous et l'acceptation sereine, voire joyeuse, de ce qui n'en dépend pas, à replacer dans le global plan divin – à l'éthique – la discipline des tendances, la théorie et la pratique des « actions appropriées » dans la sphère individuelle et collective –, puis de l'éthique à la logique – l'éducation du discours extérieur et

1. La traduction d'Émile Bréhier rend ici par « devoir » les *kathekonta*, les « actions appropriées », convenables à notre nature raisonnable. Actions, elles dépendent de nous, mais portent sur des choses qui ne dépendent pas de nous comme les autres hommes, les métiers, la politique, la santé. Elles portent sur des choses qui constituent une matière indifférente. Pierre Hadot, dans *Exercices spirituels et philosophie antique*, p. 146, note que le terme « devoir » ne rend pas, à ses yeux, la pleine signification des *kathekonta*. Voir aussi la note 54, p. 146.

intérieur, la maîtrise du raisonnement et l'exercice du jugement –. Tout se trouve ainsi noué ensemble tel un *nexus
causarum* savamment orchestré, offert, pour qu'il le fasse sien,
à l'intelligence de l'homme, à son désir et à sa volonté,
principe d'une sympathie universelle qui lie chacun à tous,
chacun au monde terrestre et céleste, dont il est une partie
vivante et co-agissante.

Épictète voulait montrer à ses disciples « les nerfs d'un
philosophe » (*neura philosophou*). « Quels nerfs ? Un désir qui
ne manque pas son but, une aversion qui ne tombe pas dans ce
qu'elle veut éviter, une volonté conforme au devoir (*hormê
kathekousan*), des desseins réfléchis (*prothesin epimelê*), un
assentiment inébranlable (*sunkatathesin aproptôton*) à mes
croyances : voilà ce que vous verrez » (II, 8, 29). Unir dans
la cohérence désir, volonté et jugement, cela seul est digne du
sage ou de celui qui tend à le devenir. La conduite individuelle
rejoint l'ordre du système. Elle atteste, en son sein, l'intrication des pôles physique et théologique, éthique et existentiel,
logique et intellectuel. L'individu est autant fils de Dieu que
fils de la Nature. Il doit refléter en tout et partout, jusqu'à sa
mort, un ordre qu'il n'a pas créé, mais auquel il acquiesce
pleinement, ordre qui le façonne, l'élève, et lui permet
« d'homme de devenir dieu ». Le stoïcien porte en lui la clef du
dépassement de ses faiblesses. La saisira-t-il pour répondre à
l'appel insistant du Maître de Nicopolis et montrer enfin unis
en lui un désir, une volonté et un assentiment, ne différant plus
l'imminence du présent de la conversion ?

TEXTE 2

PIERRE HADOT
Un dialogue interrompu avec Michel Foucault,
*Convergences et divergences**

J'hésiterais à parler avec M. Foucault d'« esthétique de l'existence », aussi bien à propos de l'Antiquité, que de la tâche du philosophe en général. M. Foucault entend cette expression au sens où notre propre vie est l'œuvre que nous avons à faire.

Le mot « esthétique » évoque en effet pour nous autres modernes des résonances très différentes de celles que le mot « beauté » (*kalon, kallos*) avait dans l'Antiquité. En effet, les modernes ont tendance à se représenter le beau comme une réalité autonome indépendante du bien et du mal, alors que pour les Grecs, au contraire, le mot, appliqué aux hommes, implique normalement la valeur morale, par exemple, dans les textes de Platon et de Xénophon, cités par Michel Foucault [1].

* *Exercices spirituels et philosophie antique*, Études augustiniennes, 1987, Nouvelle édition Albin Michel, 2002. *Un dialogue interrompu avec Michel Foucault, Convergences et divergences,* p. 230-232/ Albin Michel, p. 308-309.

1. M. Foucault, *Histoire de la sexualité*, II, *L'usage des plaisirs*, Paris, Gallimard, (1984), 2011, p. 103-105.

En fait, ce que les philosophes de l'Antiquité recherchent, ce n'est pas premièrement la beauté (*kalon*), mais le bien (*agathon*); Épicure aussi bien que les autres. Et tout spécialement, dans le platonisme et le stoïcisme, le bien est la valeur suprême : « Les âmes de valeur méprisent l'être à cause du bien, lorsqu'elles se portent spontanément au danger, pour la patrie, pour ceux qu'ils aiment, ou pour la vérité » [1]. C'est pourquoi, au lieu de parler de « culture de soi », il vaudrait mieux parler de transformation, de transfiguration, de « dépassement de soi ». Pour décrire cet état, on ne peut éluder le terme « sagesse » qui, me semble-t-il, n'apparaît que très rarement, sinon jamais, chez M. Foucault. La sagesse est l'état auquel peut-être le philosophe ne parviendra jamais, mais auquel il tend, en s'efforçant de se transformer lui-même pour se dépasser. Il s'agit d'un mode d'existence qui est caractérisé par trois aspects essentiels : la paix de l'âme (*ataraxia*), la liberté intérieure (*autarkeia*) et (sauf pour les sceptiques) la conscience cosmique, c'est-à-dire la prise de conscience de l'appartenance au Tout humain et cosmique, sorte de dilatation, de transfiguration du moi qui réalise la grandeur d'âme (*megalopsuchia*).

Curieusement, M. Foucault, qui donne toute sa place à la conception de la philosophie comme thérapeutique, ne semble pas remarquer que cette thérapeutique est destinée avant tout à procurer la paix de l'âme, c'est-à-dire à délivrer de l'angoisse, angoisse que provoquent les soucis de la vie, mais aussi le mystère de l'existence humaine : crainte des dieux, terreur de la mort. Toutes les écoles s'entendent sur le but de la philosophie, atteindre à la paix de l'âme, même si elles

---

1. Saloustios, *Des dieux et du monde*, V, 3, Paris, Les Belles Lettres, 1960, p. 9.

divergent quand il s'agit de déterminer les moyens pour y atteindre. Pour les sceptiques, l'exercice spirituel par excellence est la suspension du jugement (*epochè*) ; pour les dogmatiques, c'est-à-dire toutes les autres écoles, l'on ne peut accéder à la paix qu'en prenant conscience du fait que l'on est un être « naturel », c'est-à-dire, d'une manière ou d'une autre, une partie du cosmos, et que l'on participe à l'événement de l'existence universelle. Il s'agit de voir les choses dans la perspective de la nature universelle, pour mettre les choses humaines dans leur vraie perspective. C'est ainsi que l'on atteint à la grandeur d'âme, comme l'a déjà dit Platon : « La petitesse d'esprit est incompatible avec une âme qui doit tendre sans cesse à embrasser l'ensemble et l'universalité du divin et de l'humain […] Mais l'âme à laquelle appartiennent la grandeur de la pensée et la contemplation de la totalité du temps et de l'être, crois-tu qu'elle fasse grand cas de la vie humaine ? Un tel homme ne regardera donc pas la mort comme une chose à craindre »[1].

---

1. Platon, *République*, 486 a, cité par Marc Aurèle, *Pensées*, VII, 35.

L'ÉTHIQUE OU L'ESTHÉTIQUE ?

L'HOMME, PLANTE DU CIEL

Les Stoïciens distinguent la sagesse « la science des choses divines et humaines » et la philosophie » l'exercice d'un art qui y est approprié » (*askèsis epitèdeiou technès*), l'exercice de la vertu ou la recherche de la raison droite, expressions pour eux, équivalentes.

Sénèque, dans les *Lettres à Lucilius*[1] condense le propos : « La sagesse est le souverain bien de notre âme pensante (*mentis humanae*). La philosophie est l'amour et la poursuite de cette perfection. Celle-ci nous montre le but, où l'autre est parvenue » (XIV, 89, 4-5). La sagesse se présente comme l'apanage du divin, la philosophie celui de l'humain, désireux de dépasser et de vaincre ses faiblesses.

---

1. Sénèque, *Lettres à Lucilius*, trad. fr., H. Noblot, Paris, Les Belles Lettres, 1962.

À aucun moment, les Anciens n'omettent de rappeler et de
marteler la différence de nature ou de degré entre les deux
sphères humaine et divine. À aucun moment, ils n'oublient de
rappeler la filiation divine de l'homme. La raison est commune
aux dieux et aux hommes, note Sénèque. Ceux qui se souvien-
nent de leur origine, la révèrent. Ils savent qu'ils sont « une
parcelle de la divinité (*dei pars*) », ils désirent s'en montrer
dignes au plus haut point. « Ce tout qui nous environne est un ;
c'est Dieu ; nous en sommes les membres. Notre âme dont la
capacité est si étendue, s'élève jusqu'à lui quand il advient
que les vices ne la ravalent pas » (XIV, 92, 30). Il sait qu'aller
(retourner ?) au ciel est un labeur immense. La sagesse est
l'unique chemin de ce labeur, qui implique détachement,
renoncement à toute forme de vanité, de vacuité, c'est-à-dire
d'attachement dérisoire à ce qui ne dépend pas de nous.

La conception platonicienne de l'homme, qui appartient
simultanément au ciel et à la terre, de l'homme qui a la capacité
en lui de s'élever au-dessus de la pesanteur, en raison de son
affinité native avec le ciel, telle qu'elle est exprimée dans le
Timée (90a) ou le *Phèdre* (246a), traverse les siècles de
l'éthique et de la spiritualité païenne ou chrétienne. Le sage se
doit d'incarner la réussite de cette symbiose en des formes
propres à chaque philosophie.

L'homme doit devenir Dieu, prescrit Épictète, comme
autrefois Épicure exhortait le sage à « vivre comme un dieu
parmi les hommes ». Quand il parvient à vivre dans les biens
immortels, à vaincre ses attraits pour le fugace, le changeant,
l'instable, il s'en approche (*Lettre à Ménécée*, § 135). Le
« comme un dieu » signe l'analogie, l'identité du rapport
existant entre le divin et l'humain et non l'identité de nature. Le
divin, s'il n'est pas totalement accessible à l'homme, dessine

COMMENTAIRE 103

cependant les contours de sa vraie patrie, de sa véritable essence, de ce vers quoi il doit, sans relâche, tendre ou revenir.

Tout repose dès lors, sur l'*askêsis*, l'exercice, la pratique répétée du bien, propédeutique nécessaire à la vertu de sagesse comme à la sagesse/science. Le plaisir épicurien, entendu comme le souverain bien, la vertu stoïcienne, le détachement cynique, l'*épochê* sceptique, visent tous l'ataraxie, l'autarcie, l'excellence du jugement, l'élévation et la grandeur de l'âme. Tout ce qui la rabaisse, la réduit à la seule animalité ou au repliement individualiste égocentré, est à proscrire.

Les Anciens ne chantent pas les vertus de l'individualisme tel que nous pouvons le célébrer de nos jours. Ils n'en ont pas même l'idée. L'homme est appréhendé comme partie d'un tout cosmique ou politique, souvent des deux. Il est immergé dans l'universel de sa naissance à sa mort. Pierre Hadot[1] se plaît à citer souvent les « quatre mots » de Sénèque désignant cette insertion de l'homme dans la communauté des siens, dans celle du monde : *Toti se inserens mundo* (*Lettres à Lucilius*, VII, LXVI, 6).

L'accomplissement du sage lui appartient, certes, mais le ramène nécessairement à un ensemble dont il n'est que fragment. Il n'en tire pas désespoir ou révolte, mais sérénité et joie. Car le *gaudium* n'est pas la *voluptas*. Sénèque n'a de cesse de le répéter à Lucilius. « Les satisfactions où se plaît le vulgaire offrent un plaisir (*voluptatem*) mince et de surface ; au reste, toute joie (*gaudium*) importée en nous manque de base : la joie dont je parle, celle où je m'efforce de te conduire est

1. P. Hadot, *Exercices spirituels et philosophie antique*, Paris, Albin Michel, 2002, *Réflexions sur la notion de culture de soi*, p. 326 ; « *Il y a de nos jours des professeurs de philosophie, mais pas de philosophes* », p. 339 ; *Le sage et le monde*, p. 344.

solide et de nature à se déployer davantage au dedans » (III, 23, 5). Il l'exhorte à tourner son âme vers le bien véritable (*ad verum bonum*). Cela commence par l'acte de gratitude envers le don d'une existence dotée de raison.

« Sois heureux de ton propre fonds (*de tuo gaude*) » (III, 23, 6), insiste-t-il. Maxime que ne manque pas d'isoler Michel Foucault[1], pour la célébrer comme jouissance de soi, interprétation que réfute Pierre Hadot, la trouvant trop étroite, trop inféodée à une culture « moderne », déformatrice du propos antique, en bref, trop individualiste.

En effet, ce fonds, quel est-il pour le stoïcien ? La meilleure partie de l'homme : pas son corps, mais son âme, son esprit, avide du vrai bien, solide et invariant, le tirant vers le haut, non vers le bas. Ni l'animal ni l'enfant n'ont accès à lui. Sénèque sait l'attirance de Lucilius, autrefois, pour l'épicurisme ou, du moins, une certaine acception de celui-ci. Car le souverain bien distingué des biens illusoires est aussi fortement défendu par l'éthique d'Épicure, même si sa canonique et sa physique diffèrent à coup sûr de la philosophie stoïcienne. Quoi de plus « épicurien » que cette remarque du stoïcien Sénèque ? « Le plaisir est au rebord d'une pente ; il incline vers la souffrance, dès qu'il n'observe plus la limite » (III, 23, 6) ? L'ascèse des plaisirs est au cœur des deux philosophies, à structure ici gémellaire, signant là encore leur ascendance platonicienne.

Aussi Sénèque, dans la dernière lettre adressée à son disciple, lui rappelle sa condition unique dans l'échelle du vivant. Animal doué de raison, le bien qu'il peut atteindre est « la raison parfaite (*perfecta ratio*), parcelle de la raison divine (VII, 66, 12). Le bonheur ne sera son lot que lorsque toutes ses

1. M. Foucault, *Histoire de la sexualité*, III, *Le souci de soi*, Paris, Gallimard, 1984, p. 92.

joies naîtront d'elle; les derniers mots sont une invite au seul progrès qui vaille : prendre conscience de sa perfection, la vouloir toujours plus aboutie (XXII, 124, 23-24). La sagesse est bien pour Sénèque, comme autrefois pour Pythagore, Démocrite ou Socrate, un art qui exige pour qui s'y consacre, un apprentissage, une détermination sans faille, une patience sans relâche. Elle seule ouvre la voie du bonheur (XIV, 90, 27), car elle nous met à distance des pesanteurs.

Elle ne s'obtient pas par hasard ni sans effort. *Nemo est casu bonus* (XXII, 123, 16). Personne, en effet, n'est ou ne devient homme de bien par l'effet du hasard. La vertu veut être apprise (*discenda virtus est*). L'innéisme moral ne sied guère aux Anciens. L'œuvre de la volonté importe autant pour eux que celle du jugement. Fruits d'un exercice patiemment itéré, elles relèvent toutes deux d'un long travail sur soi.

EXERCICE SPIRITUEL ET ORDRE NATUREL

Pierre Hadot a contribué à faire subir à la notion d'*exercitium spirituale*, par exemple aux *Exercitia spiritualia* d'Ignace de Loyola, un infléchissement profane, trouvant de profondes racines et illustrations dans la sphère antique, car les exercices spirituels chrétiens s'enracinent[1] pour partie dans ceux des philosophies stoïciennes, cyniques, épicuriennes ou sceptiques.

---

1. Voir la nouvelle édition des *Exercices spirituels et philosophie antique*, Paris, Albin Michel, 2002, *Réflexions sur la notion de « culture de soi »*, p. 323. « le christianisme a repris à son compte certaines techniques d'exercices spirituels pratiqués dans l'Antiquité, tout cela a retenu, me semble-t-il l'attention de M. Foucault »

Les Apologistes chrétiens des deux premiers siècles ne méprisent pas les philosophies antérieures, surtout pas ce qu'elles ont élaboré de beau et de bon, pour hisser l'homme au-dessus de la naturalité de sa condition et l'exhorter à un processus de divinisation mesuré et lucide. Le christianisme systématise ce qui est épars et morcelé dans les différents legs intellectuels et culturels qui lui préexistent[1]. Il les parachève, les accomplit, dévoile une finalité que ces philosophies ne pouvaient, à elles seules, parvenir à mettre au jour.

Combien de fois, sous la plume des premiers Pères, rencontre-t-on l'expression « la vraie philosophie » pour caractériser le christianisme, pour la distinguer de la « philosophie barbare », c'est-à-dire grecque ! Il ne s'agit pas alors du choc de deux spiritualités, mais de leur rencontre, conduisant à une fécondation nouvelle. Les germes de l'une sont développés et pleinement signifiés par l'autre. Les parcelles de *Logos* présentes à l'évidence chez les philosophes, comme Pythagore, Héraclite, Socrate, Platon, trouvent leur plénitude dans le christianisme, philosophie de la révélation du *Logos* incarné. Les deux philosophies ont en commun des « exercices » qui en permettent la jonction, au moins sur ce point.

L'expression « exercice spirituel »[2] caractérise, par essence, la démarche de cette philosophie des temps anciens, se donnant pour tâche de réaliser une transformation de la vision du monde et une métamorphose de l'être. Exercice qui engage tout l'esprit de l'homme et pas seulement la conduite

1. P. Hadot, *Exercices spirituels antiques* et *« philosophie chrétienne »*, *op. cit.*, p. 61 *sq.* ; éd. Albin Michel, p. 75 *sq.*

2. P. Hadot, *Exercices spirituels et philosophie antique*, *op. cit.*, p. 60-61. Voir aussi dans la nouvelle édition (Paris, Albin Michel, 2002), l'article de 1993 de Pierre Hadot, *Mes livres et mes recherches*, p. 367-376, sur la genèse et la portée philosophique de la notion d'exercice spirituel.

morale, comme certains ont pu, à tort, le penser. L'*askêsis*
requiert une activité jumelée de la pensée et de la volonté.
Elle ne se réduit pas à la sphère éthique, mais touche au
façonnement, à l'orientation de l'existence tout entière.

Le latin de Sénèque en matérialise là aussi la nature,
lorsqu'il fait part à Lucilius, de son « amélioration », de sa
« métamorphose », voire de sa « transfiguration » : « *intellego,
Lucili, non emendari me tantum sed transfigurari* » (*Lettres à
Lucilius*, I, 6, 1). Ou encore lorsqu'il voudrait parvenir à lui
communiquer adéquatement « les effets d'une transformation
si soudaine (*subitam mutationem mei*) » (I, 6, 2). Les termes
sont forts, ils n'expriment rien moins que le mouvement de
conversion propre à la philosophie engageant l'être sans
restriction. L'exercice spirituel stoïcien et épicurien vise le
souverain bien.

Philosopher c'est vivre et mourir autrement et mieux que
les autres hommes. Le *Phédon* déjà recommandait comme
essentiel au philosophe de s'exercer à mourir (67e). Socrate, on
l'a vu, en a laissé un exemple de poids multiséculaire. Le récit
de sa mort, à la fin du *Phédon*, ne laisse personne, aujourd'hui
encore, indifférent. La sérénité, le détachement assumé,
l'ironie pour les appuyer, montre que le philosophe a vécu sa
mort, sans la fuir, sans la craindre, car elle fut pour lui et sans
conteste « un bien », un « gain », non une perte, non un mal,
ainsi qu'il se la représentait déjà lors de son procès. (*Apologie
de Socrate*, 39a, 40c-41d). Épicure en garde mémoire lorsqu'il
affirme que le souci de bien vivre et de bien mourir sont une
seule et même chose (*Lettre à Ménécée*, § 126).

De même, Marc Aurèle, autrefois terrorisé par la mort,
recommande à chacun d'agir, de parler, de penser toujours,
comme quelqu'un qui peut, sur l'heure, sortir de la vie
(*Pensées*, II, 11). La morale parfaite, selon lui, prescrit de

« vivre chaque jour comme si c'était le dernier ; ne pas s'agiter, ne pas sommeiller, ne pas faire semblant » (*Ibid*, VII, 69). Manière de consentir pleinement à ce que délivre l'unique temporalité existentielle de l'homme : le présent.

Le philosophe empereur a compris, par une pratique répétée de l'*épochê*, isolant les représentations imaginées, colorées d'angoisse, que la mort n'est qu'un « effet de la nature », qu'elle lui est, de surcroît, utile. Il convient alors de l'accueillir, sans la redouter ou tenter de la fuir, par le déni ou la révolte stérile.

Pourquoi, en effet, craindre le changement et la dissolution totale, puisqu'ils sont conformes à la nature (*kata phusin*) ? « Nul mal n'est conforme à la nature » (*Pensées*, II, 17).

La soumission volontaire à l'ordre naturel prévaut en tout, y compris et peut-être, surtout, lors de la sortie de la vie. Le dernier rôle dévolu à l'homme est peut-être le plus difficile à apprendre, voire à jouer. Marc Aurèle, en raison, peut-être, de sa détestation du tragique, s'est plus à le répéter plus qu'aucun autre rôle, à se le rendre familier, pour en venir à bout, l'échéance venue. Que la mort n'ait rien, surtout, de tragique, qu'elle se coule dans l'ordre de l'évènementialité la plus naturelle, celle à laquelle il appartient à l'homme – et plus encore, au sage – d'acquiescer, sans rechigner. La mort, si on la comprend comme il convient, signe notre réconciliation ultime avec la nature (*Pensées*, XII, 36).

La sagesse antique, classique et postclassique, quel que soit son référent, dogmatique ou non, montre que l'humain ne se pense pas hors du référent naturel, fut-il mû par providence ou hasard, Dieu ou les atomes. Le « contre nature » (*para phusin*) désigne en constance le mal, sous toutes ses formes et pour toutes les écoles.

Pour ces raisons, l'exercice spirituel du stoïcien, du cynique, de l'épicurien est, avant tout, une disposition à l'accueil de ce que la nature veut pour lui. Ordre naturel et ordre spirituel sont intimement unis au point de se confondre. Marc Aurèle, fidèle, là encore, au *Manuel* d'Épictète prescrit d'avoir la mort présente devant les yeux chaque jour pour n'avoir aucune pensée basse ni aucun désir excessif (§ 21). La grandeur d'âme est à ce prix. Elle suppose un dépassement de la peur et du déni de la mort, signes de petitesse et de faiblesse, à vaincre par maints moyens, dont celui, par exemple, de la théâtralisation.

THÉÂTRALISATION DU MOI, DE LA MORT ET DU MONDE

Démocrite, Épictète et Marc Aurèle, chacun dans leur style, se sont plu à théâtraliser le monde, le moi, vivant ou mourant. « Le monde est un théâtre, la vie une comédie : tu entres, tu vois, tu sors », affirme de façon ramassée, le fondateur de l'atomisme antique (Démocrite, B, CXV, 84). Il a compris et expérimenté que le réalisme, joint à la dérision de l'esprit critique, favorise la sérénité.

Le *Manuel* d'Épictète déjoue, de son côté, les illusions de la puissance personnelle : « Souviens-toi que tu es l'acteur d'un drame que l'auteur veut tel : court, s'il le veut court ; long, s'il le veut long ; si c'est un rôle de mendiant qu'il veut pour toi, joue-le avec talent ; de même si c'est un rôle de boiteux, de magistrat, de simple particulier. Car ton affaire, c'est de jouer correctement le personnage qui t'a été confié ; quant à le choisir, c'est celle d'un autre » (§ XVII).

Consentir à l'ordre des choses pour l'homme implique pour lui de consentir au jeu de rôles qui lui est alloué. Il est acteur de la partition, non son auteur. Marc Aurèle se le rappelle sans cesse. Nous ne sommes cause ni de l'entrée dans l'existence, ni de sa sortie. Et toujours, «celui qui nous congédie nous est propice ». Il ne peut vouloir notre mal, sous quelque forme que ce soit.

L'adhésion intellectuelle, religieuse et morale au *Logos*, Providence et Destin bienveillant, octroie au stoïcien une prise de distance salutaire par rapport aux impératifs immédiats de son moi, de ses tendances spontanées, de ses désirs immodérés, comme de ses craintes fondées ou non. Il lui donne, de surcroît, l'énergie nécessaire à ces dépassements. Se découvrir acteur de l'existence, jouant une partition écrite par un autre, change radicalement la perspective et offre, si on choisit de développer la vie de l'esprit, une consolation inédite.

Les philosophies contemporaines de la chute de la République de Rome, puis de l'Empire gardent une trace profonde du platonisme de l'âge classique. Cicéron[1], dans le *De Finibus*, utilise la métaphore théâtrale pour rappeler à l'homme qu'il a dans sa famille, dans la cité commune du genre humain, c'est-à-dire le monde, une place propre, un lieu dit d'occupation et de rôle (*De finibus*, III, 20, 67). Il doit l'occuper comme dans cet «endroit commun» qu'est le théâtre. Ce dernier devient référent juridique, politique, cosmique. Il délimite l'aire d'une nouvelle éthique.

Faut-il voir en tout ceci un déplacement du thème platonicien des *Lois* où chacun des êtres vivants (*zoôn*) que nous sommes, est assimilé à «une marionnette fabriquée par les dieux» (*Lois* I, 644 d-e)? Habités par des tendances antagonistes, qui sont comme autant de ficelles tirées par le *deux ex machina*, l'homme détient aussi en lui une

---

1. Cicéron, *Des termes extrêmes des biens et des maux*, II, trad. fr., J. Martha, Paris, Les Belles Lettres, 1967, p. 45.

« commande d'or, sacrée, la raison », qui est en même temps
« la loi commune de la cité », à laquelle il se doit d'obéir pour
venir à bout des luttes en tous genres qui se jouent en lui ou
en elle.

La métaphore des marionnettes sert alors à Platon à
délimiter la frontière entre le vice et la vertu. Si la finalité de
l'homme consiste à être « un jouet aux mains de Dieu », il faut y
voir à coup sûr, « le meilleur de son lot », n'hésite pas à
renchérir Platon (*Lois* VII, 803c et 804b). Il peut, s'il le veut,
remplir au plus juste la mission qui lui est dévolue : être à la
hauteur de la plus noble part de son être. Il détient en lui les
moyens de « s'appliquer sérieusement à ce qui est sérieux, non
à ce qui ne l'est pas ».

L'exercice spirituel de la marionnette humaine fabriquée
par les dieux consiste, en premier lieu, à avoir le regard fixé sur
Dieu, à se montrer digne de la participation à la vie divine, par
la rationalité dont il a été originairement doté. La vertu dépend
du rôle tenu par cette mémoire vive.

Près de sept siècles après Platon, l'on retrouve dans la
troisième *Énnéade* [1] de Plotin un arrêt marqué sur la métaphore
théâtrale, cette fois pour mieux montrer l'inessentialité des
choses seulement humaines, dans l'ordre de la mort et des
jeux politiques. Il faut pour le fondateur du néoplatonisme,
dépasser cette conception.

« L'acteur tué sur la scène, change de costume et reparaît
dans un autre rôle. Si la mort consiste seulement à changer de
corps comme l'acteur change de costume, ou bien quelquefois
à quitter tout corps, comme un acteur qui sort définitivement
du théâtre pour ne plus jamais reparaître sur la scène, qu'a de

---

1. Plotin, *Ennéades*, III, 2, 15, trad. fr., É. Bréhier, Paris, Les Belles Lettres,
1963, p. 42-43.

terrible ce changement (*metabolê*) des animaux (*zoôn*) les uns dans les autres?» Certes, les grandes affaires humaines sont assimilables à des jeux.

Examiné d'un point de vue extérieur, tout peut, en effet, être considéré comme théâtre, jeux de rôle, changeants selon les circonstances, sans stabilité aucune ou vérité durable. «Dans toutes ces circonstances de la vie réelle, ce n'est pas l'âme du dedans de nous, c'est son ombre, l'homme extérieur, qui gémit, se plaint et remplit tous ses rôles sur ce théâtre à scènes multiples qui est la terre entière». Il prend au sérieux ce qui ne l'est pas. Il ne parvient pas à établir la différence entre l'essentiel et l'inessentiel. Nécessairement, sa vie intellectuelle et morale s'en ressentent.

L'homme pantin, l'homme jouet de lui-même, de ses états d'âme ou de ses occupations, ne peut s'apparenter au sage. Il lui manque la dérision, le recul critique, l'ironie, mais surtout le «contact» avec plus grand et plus pur que lui, l'Un, dont il garde trace, enfouie en lui, oubliée, mais présente. Le théâtre du monde social l'éloigne du Principe. Seule, l'*askêsis*, poussée à l'extrême du détachement, l'en rapproche. La métaphore théâtrale ici n'est que l'illustration de ce qui détourne de soi, de l'authenticité cultivée de soi. Elle indique le chemin, par-delà la contrefaçon, de «l'homme du dedans».

L'ordre même des *Ennéades*, souligné par Pierre Hadot[1], atteste le progrès spirituel attendu par le maître. L'éthique (*Ennéades* I), la physique (II et III), l'époptique (IV à VI), montrent à l'œuvre les différents moments de l'éclosion du moi dans son rapport à lui-même, aux autres, au monde et à Dieu, un des noms possibles, admissibles avec celui de Bien,

---

1. P. Hadot, *Qu'est-ce que la philosophie antique*, Paris, Gallimard, p. 239 *sq*.

de l'Un, ineffable. La fin, le but de l'ascèse de l'esprit n'est autre que d'être uni à Dieu, de s'y unir au point de devenir Lui, de ne plus faire deux mais seulement un (*Ennéades* VI, 7, (38) 34, 9-37). Pas de *Deus ex machina*, pas de démiurge, pas de principe « créateur », dans le monde plotinien, mais une invite pour l'homme à sculpter sa propre statue dans l'unité indissoluble du savoir et de la vertu (*Ennéades* I, 6 (1), 9. Quitter les rôles, se détacher d'eux, n'en pas rechercher ni cultiver d'autres, tel est le chemin spirituel demandé pour qui s'exerce à se tourner vers ce qui, seul, vaut. « Que tout être devienne d'abord divin et beau (*theoeidès kai kalos*), s'il veut contempler Dieu et le divin (*theon kai kalon*) ». Seul le semblable peut s'approcher du semblable, selon l'adage cher à Empédocle (B 109) ou Démocrite (B 164), puis refondé par Platon. Selon la leçon du *Théétète* (176 b), la « ressemblance avec le divin » (*homiôsis theô*) doit être le pôle ultime et unique de l'activité spirituelle humaine. Elle requiert l'excellence de l'esprit et de l'acte.

L'EMPIRE SUR SOI
(*ENKRATEIA, SÔPHROSUNÊ*, CONTINENCE ET TEMPÉRANCE)

La pratique régulière de l'exercice spirituel chez les Anciens, et ce depuis notamment Socrate ou plus lointainement Pythagore, ne va pas sans exhortation à la lutte contre les penchants qui dissuaderaient de son bien-fondé ou qui, insidieusement, s'y opposeraient.

Michel Foucault et Pierre Hadot, en accord plénier sur ce point, ont l'un et l'autre mis en valeur le schème agonistique de la maîtrise de soi requise par l'ascèse. Maîtriser les tendances opposées à l'effort volontaire ou à la pratique répétée et austère du bien est au centre de la prescription philosophique dans l'Antiquité classique et hellénistique. Pas de sagesse, sans combat, pas de sagesse sans la conscience aiguë du devoir guérir ce qui est malade ou risque de l'être – la dominance de l'instance passionnelle, par exemple.

Michel Foucault, dans *L'usage des plaisirs*[1], notamment dans le chapitre consacré à l'*enkrateia*, salué par Pierre Hadot, aime à rappeler les termes précis de la *République* de Platon (IV, 430b) : «La tempérance (*sôphrosunê*) est une sorte d'ordre et d'empire (*kosmos kai enkrateia*) sur certains plaisirs et désirs». L'*enkrateia* peut être vue alors comme la condition de la *sôphrosunê*. L'homme doit fournir sur lui-même un travail assimilable à une lutte pour la domination. Terrasser ses craintes, venir à bout de ses passions, devient la condition de son excellence, de sa dignité d'homme et de citoyen d'un État ou du monde, selon les âges de l'histoire grecque et les orientations philosophiques.

La longue tradition du combat spirituel se trouve fortement ancrée dans la philosophie et la culture helléniques classiques. L'exemple des fautes d'Alcibiade est interprété par Xénophon non comme une trahison de l'enseignement socratique, mais comme une négligence de l'exercice (*Mémorables* I, 2, 24). Il s'est cru fort et a cessé trop tôt la lutte, tel un mauvais athlète, qui se repose sur ses succès et ne travaille plus à se perfectionner. L'on comprend pourquoi l'*Alcibiade* de Platon insiste tant sur l'exercice requis pour la connaissance de soi et des autres, mais surtout pour la transformation constante de soi exigée pour satisfaire à la visée du bien, en sa forme intellectuelle, religieuse, éthique et politique.

---

1. M. Foucault, *Histoire de la sexualité*, II, *L'usage des plaisirs*, 1 – *La problématisation morale des plaisirs*, § 3, *Enkrateia*, *op. cit.*, p. 85 *sq.*

L'époque classique prend la notion d'exercice sous sa forme générale, même si le pythagorisme ancien s'était intéressé en son temps, aux formes diverses, concrètes, qu'il devait et pouvait revêtir. Platon et Aristote soulignent l'importance de la vertu d'entraînement intellectuel, physique et moral qu'il implique. Compte surtout la répétition de l'*askêsis*, l'exhortation à ne pas relâcher l'effort de l'enfance à la maturité. La *paideia* tout entière est un exercice spirituel au sens plénier du terme. L'âge classique forme des citoyens, serviteurs volontaires de la loi publique qu'ils s'emploient à rendre la meilleure possible. La vertu est indissociablement intellectuelle, éthique et politique. Son entraînement aussi.

Au IVe siècle, contemporain de l'Empire de Macédoine et de l'époque hellénistique, Épicure forge une conception de l'exercice spirituel différente sur ce point. La *paideia* longue et lente – dont le modèle est donné dans la *République* VII de Platon – est jugée inutile, voire nuisible car elle détourne du seul temps qui vaille, l'instant. La formation des politiques n'est plus l'objectif du philosophe du Jardin. Le pouvoir a contribué à l'exil d'Épicure et de sa famille, il ne souhaite pas pactiser avec lui. Seule importe la méditation (*mélétê*) nuit et jour, sur les choses qui procurent la béatitude. Elle est jugée infiniment supérieure aux longs détours éducatifs des sciences et du discours.

Sans nul doute, la physique et la canonique épicuriennes préparent à la sagesse et s'emploient à supprimer les obstacles, qui diffèrent plus ou moins le moment d'être heureux.

La *Lettre à Hérodote* est significative à cet égard. Le besoin de connaissance n'est satisfait que s'il œuvre à notre ataraxie et à notre bonheur (§ 80-82). L'étude de la nature n'a d'autre finalité que l'obtention puis l'entretien de la vie heureuse. La recherche des causes véritables n'a d'autre objectif que de nous délivrer des frayeurs qui nous inhibent et nous font souffrir. La *Lettre à Pythoclès* se donne pour objectif majeur de nous extraire des mythologies qui nous aliènent et nous empêchent de voir, d'admirer la nature comme elle est en vérité. Les fables sont à bannir, la lucidité à cultiver. « Méditer sur les principes des choses, l'infinité de l'univers ou encore les critères de la vérité » (§ 116) suffisent à maîtriser les angoisses de tous ordres qui hantent l'individu. La beauté du monde, le miracle de la vie, suffisent à canaliser l'admiration.

Ne pas s'occuper de politique éloigne du trouble. L'amitié (*philia*), principe fort de la communauté épicurienne, suffit à épanouir le besoin de sociabilité inhérent à ses membres. « Vivre d'une vie cachée » (*lathé biôsas*)[1] dans l'enceinte de l'école est une garantie de paix et de bonheur. L'éducation ne vise plus à former des hommes publics, comme autrefois Platon, même si le philosophe du Jardin et celui de l'Académie partagent la même critique de la course vaine aux honneurs, enjeu hélas banalisé, hier comme aujourd'hui, de la vie publique.

Le célèbre « quadruple remède » (*tetrapharmakon*) de *La lettre à Ménécée* (§ 123-132) illustre la quête épicurienne de la maîtrise de soi en vue de l'ataraxie et de l'autarcie. Rappeler que les dieux ne sont pas à craindre, que la mort est sans risque, que le bien est facile à acquérir et le mal facile à éviter, détourne des désirs insatiables, des illusions de toutes sortes, en bref, de la souffrance inutile. « Personne n'entreprend ni trop tôt ni trop tard de garantir la santé de l'âme » se plaît à rappeler le fondateur de l'école du Jardin (§ 122). La seule occupation de l'épicurien tient en ces mots : guérir son

1. A.-J. Festugière, *Épicure et ses dieux*, Paris, P.U.F., 1997, chap. III, *L'amitié épicurienne*, p. 39.

âme. La sagesse est vie spirituelle. Elle ne peut se cultiver que dans un rapport d'amitié et d'ouverture aux autres, non de façon solitaire. Manière épicurienne de « politiser » la sagesse ! Le « malade » et le médecin sont liés par une chaîne choisie, choyée, un temps partagée.

Comme hier, pour la kénose socratique, se guérir implique le dessaisissement de l'encombrant, de l'inutile, du factice. Mettre le plaisir (*hédonê*) au centre de la doctrine et des agissements qui lui correspondent, revient quasi naturellement à opérer une hiérarchie entre les plaisirs, pour distinguer ceux-ci du plaisir conforme à l'ordre des choses, défini alors comme le souverain bien. Naturels et nécessaires (*phusikai kai anankaiai*), sont les seuls plaisirs qui vaillent : une nourriture sobre et une boisson qui étanche la soif suffisent. Point n'est besoin de varier indéfiniment leurs modes pour augmenter la jouissance. Se contenter de peu devient le maître mot d'une éthique valant à la fois pour le corps et l'esprit. L'idéal de la mesure, la condamnation de l'*hubris*, se retrouvent dans l'épicurisme comme dans les autres écoles grecques, centré cette fois sur la culture ascétique de l'*hédonê*.

Le sage épicurien vise l'autosuffisance, la liberté. Il est et se veut sans maître (*adespotos*). Il cultive aussi la santé physique et mentale, en un mot l'équilibre et l'harmonie. L'absence de douleur en son corps et de trouble en son âme orientent son existence éprise de prudence (*phronêsis*) (*Lettre à Ménécée*, § 131-132). Il préfère le « plaisir en repos », stable, au plaisir en mouvement car seul, il favorise l'ataraxie. La science suprême n'est autre, pour lui, que l'art de vivre *hic et nunc*. La sagesse s'apparente ici davantage à une diététique de l'instant qu'à une promesse d'immortalité[1]. Beaucoup de renoncements s'imposent. Ils sont la condition du salut de l'homme par lui-même. La responsabilité de la sagesse ou de son contraire lui incombe, comme le progrès ou la régression.

LE SOUCI DE SOI : CONVERGENCES

Comme il a été montré au travers des diverses quêtes de sagesse antique, toutes cultivent l'ascèse, y compris le cynisme, sensé pourtant s'opposer aux valeurs, aux us et coutumes, admis par le plus grand nombre. Michel Foucault[2] note fort justement que la vie cynique peut s'apparenter tout entière à une sorte « d'exercice spirituel permanent ».

Diogène incarne une figure du dénuement volontaire que la postérité s'est plu à conserver. Ses acquis sont réduits à l'extrême, son site dans l'univers civil est mobile, allergique à tout point fixe, son avoir avoisine le presque rien, mais néanmoins, celui qui n'a ni maison, ni famille, ni enfants, ni patrie, qui vit en chien à l'échelle du tonneau, revendique une seule domiciliation, celle du cosmos.

La cité enferme, aliène. La terre et le ciel libèrent et permettent le dépassement des singularités pesantes. L'universalisme cynique a fécondé le stoïcisme. Rien d'étonnant à cela. Philanthropie et universalisme demeurent les maîtres mots d'une éthique et d'une politique exigeant le dépassement de la clôture personnelle. Mais alors où se loge la « culture de soi » ? Quelles formes revêt-elle ? Est-elle même grecque ?

---

1. J. Salem, *Démocrite, Épicure, Lucrèce, la vérité du minuscule*, Versanne, Encre marine, 1998, p. 43.
2. M. Foucault, *Histoire de la sexualité*, II, *L'usage des plaisirs, op. cit.*, p. 99.

Le souci de soi (*epimeleia heautou / cura sui*) hante Socrate, on le sait. L'*Alcibiade* comme l'*Apologie de Socrate* lui donnent des contours précis, dont son corollaire obligé, le souci des autres. Michel Foucault leur consacre un ouvrage[1]. L'ancienneté du thème n'est, certes, plus à prouver, mais l'importance qu'il revêt dans ce qui est présenté ici comme « l'âge d'or de la culture de soi », les deux premiers siècles de l'époque impériale. À la fois précepte, attitude, pratique sociale, mode de connaissance, le souci de soi prévaut dans les écoles d'alors. Il augure d'une éthique de la maîtrise où l'homme veut détenir la *potestas sui*. Il augure d'une esthétique de l'existence où le soi devient un objet de jouissance que l'on contrôle et que l'on cherche à contrôler, en tout temps, en tout lieu.

Michel Foucault – lecteur de Pierre Hadot depuis 1953, et surtout depuis l'article *Exercices spirituels*[2] paru dans l'Annuaire de la Vᵉ Section de l'École Pratique des Hautes Études en 1977 –, s'adresse à lui, quelque temps avant de mourir, pour vérifier avec lui le sens exact du *vindica te tibi* de l'ouverture des *Lettres* de Sénèque à Lucilius. « Revendique tes droits (de propriété) sur toi-même », « affirme ta propriété sur toi-même », quand l'enjeu en est l'amélioration, fondée sur l'ascèse. Le sens juridique du verbe latin conduit à une acception éthique. Le débat de traduction pourrait sans doute être prolongé. La mort de Michel Foucault l'a interrompu.

Pierre Hadot le regrette. Cette disparition prématurée, en 1984, a privé les deux penseurs d'un enrichissement mutuel,

1. M. Foucault, *Histoire de la sexualité*, III, *Le souci de soi*, chap. 2, *La culture de soi*, p. 55-94, chap. 3, *Soi et les autres*, p. 97-131, Paris, Gallimard, 2008.

2. P. Hadot, *Exercices spirituels et philosophie antique, op. cit.*, p. 13-58; nouvelle édition, Paris, Albin Michel, p. 19-74.

fondé sur leurs accords et, surtout, leurs désaccords. Il s'adresse donc à lui *post mortem*, dans les «Convergences et divergences» qu'il recense.

Pour les convergences, note Pierre Hadot, il suffit de consulter l'Annuaire du Collège de France en l'année 1981-1982, d'y lire l'objet des cours de Michel Foucault, consacrés à ce qui deviendra en 2001, *l'Herméneutique du sujet*, et de les comparer avec ses propres *Exercices spirituels*, mentionnés à l'instant. De part et d'autre, les mêmes thèmes sont convoqués: la philosophie comme thérapeutique, Socrate et le souci de soi, les différents types d'exercices spirituels, comme la *praemeditatio malorum* ou l'exercice de la mort. De même en 1982-1984, lors des cours de M. Foucault, qui deviendront Le *Gouvernement de soi et des* autres, l'insistance parallèle des deux auteurs sur la valeur thérapeutique de l'écriture dans la pratique de l'examen de conscience, l'importance du souci de soi avec la culture qui s'ensuit, ainsi que le rôle du christianisme dans la reconduction de méthodes spécifiques à l'Antiquité gréco-romaine, en matière d'ascèse. Pierre Hadot nous a légué des études approfondies sur les rapports existant entre les *Exercices spirituels et* (la) «*philosophie chrétienne*», depuis sa thèse consacrée, en 1968 aux rapports entre le néoplatonicien chrétien du IVe siècle, Marius Victorinus et un philosophe païen, Porphyre, disciple et biographe de Plotin. En 1984-1985, il fait paraître, dans l'Annuaire du Collège de France *La philosophie comme manière de vivre*. Ces thèmes et ces objets, constamment croisés chez l'un et l'autre auteur, construit entre eux des lignes de rapprochements et d'éloignement.

Michel Foucault voit, par exemple, dans l'insistance des Anciens sur l'attention que l'on doit porter à soi, une intensification de ce rapport jusqu'à constituer l'homme en sujet de ses actes. Le souci de soi s'apparente alors à un art de vivre, qui définit des critères éthiques et esthétiques de l'existence[1]. Le point d'aboutissement de cette élaboration est non seulement « la souveraineté de l'individu sur lui-même, mais une jouissance sans désir et sans trouble ». « L'art de soi » que dévoile *L'usage des plaisirs* (p. 104) prend ici une autre tonalité, une nouvelle intensité et une nouvelle extension. Comme si le moi humain remplaçait toutes les instances transcendantes antérieures, celle de la loi, de la nature, des dieux ou de Dieu. Cette lecture explique-t-elle, en partie, l'attrait exercé par les Anciens sur nos contemporains ?

L'IDOLÂTRIE DE SOI : DIVERGENCES

Paul Veyne, qui a souvent accompagné Michel Foucault dans ses travaux et ses recherches[2] n'hésite pas à parler d'un renouveau du « stoïcisme égocentrique » dans les années 80, dû notamment au « cercle éditorial lié à Michel Foucault sous la menace du sida. Devant la mort, le moi qui peut faire la dénégation est la seule arme qui nous reste »[3]. La mort n'est rien, en effet, si je décide qu'elle n'est rien, ajoute-t-il ! Ainsi, la valeur du déni détient une positivité que Freud n'a pas voulu retenir. Car la dénégation n'est pas seulement illusion. Elle recouvre même une force morale inédite. Le stoïcisme, selon Paul Veyne, peut être vu comme « une philosophie du repli actif de soi sur soi et de la tenace dénégation d'un monde menaçant ou absurde ».

1. M. Foucault, *Histoire de la sexualité*, III, *op. cit.*, p. 93-94.

2. M. Foucault, *Histoire de la sexualité*, II, *L'usage des plaisirs*, *op. cit.*, p. 15.

3. P. Veyne, *Sénèque*, Paris, Robert Laffont, 1993, Avant-propos, p. v-vi.

Cet « usage moderne, post moderne, postchrétien du stoïcisme » et surtout du « je » fictif, qui en serait l'auteur et l'acteur, ne va pas, selon Paul Veyne, « sans une exploitation abusive dont nous sommes conscients ». L'instrumentalisation des Anciens est ici lucidement assumée par celui qui a loué la valeur de l'intrigue et de ses choix, dans le « roman vrai » de l'histoire. Revisitant aujourd'hui le stoïcisme, il lui assigne le rôle d'un « système immunitaire », où le moi devient un point d'appui « pour se défendre d'un monde qui n'est pas fait pour lui » !

Le déni, la souveraineté égocentrée d'un moi, détaché du *Logos* ou de la nature, sont fort peu grecs, surtout pas stoïciens, mais ils résultent de la projection désabusée, sans idéaux, sans transcendance, sur une culture lointaine, de nos manques, de nos destructions, que l'on cherche par n'importe quel moyen à combler. Un « monde vide » peut-il parvenir à se retrouver dans « un monde plein » ? On doit à Paul Veyne des pages éclairantes sur Foucault, le philosophe « qui révolutionne l'histoire [1] ». Faut-il pour autant « révolutionner » le stoïcisme pour satisfaire à la fiction, voire à la pulsion, de l'appropriation ? Pierre Hadot reprend un article de l'historien, *Le dernier Foucault et sa morale*, paru dans *Critique*, en 1986. Paul Veyne y commente la notion foucaldienne de « style d'existence », mobilisée surtout à la fin d'une vie, qui se savait condamnée à cesser rapidement.

« La morale grecque est bien morte…mais un détail de cette morale, à savoir l'idée d'un travail de soi sur soi, parut (à Foucault) susceptible de reprendre un sens actuel. Le moi, se prenant lui-même comme œuvre à accomplir, pourrait soutenir

---

1. P. Veyne, *Comment on écrit l'histoire*, suivi de *Foucault révolutionne l'histoire*, Paris, Seuil, 1979, p. 203-242.

une morale que ni la tradition ni la raison n'épaulent plus ; artiste de lui-même, il jouirait de cette autonomie dont la modernité ne peut plus se passer ». Hormis peut-être le terme discutable de « détail », Pierre Hadot souscrit à l'idée d'une philosophie assimilée à un art de vivre, un style de vie, qui engage toute l'existence. Il récuse l'expression « esthétique de l'existence ». La philosophie antique ne propose pas le repliement sur soi ni même l'évasion, mais un dépassement du moi orienté vers la totalité universelle dont il sait qu'il participe.

Avec patience et lucidité critique, Pierre Hadot remet les choses à leur place dans l'histoire et la pensée gréco-romaines. À remplacer le mot « sagesse » par « esthétisme », l'essentiel des Anciens risque d'être manqué, mais aussi l'héritage de certains Modernes[1]. Il salue notamment le goût cartésien pour la « méditation » (au sens d'exercice), qui va jusqu'à en constituer le titre d'un ouvrage. « L'*Éthique* de Spinoza sous sa forme systématique et géométrique, correspond assez bien à ce que peut être le discours philosophique systématique dans le stoïcisme ». Et, bien sûr, sont citées et saluées les dernières lignes de l'*Éthique* spinozienne, louant la beauté intellectuelle et morale, la rareté du sage et la béatitude à laquelle il convie. La liste serait longue des auteurs modernes, qui, selon Pierre Hadot, ont su retrouver les accents existentiels de la philosophie antique, qui ont su voir en elle un exercice de la sagesse à l'œuvre, à la fois comme rapport à soi, rapport au cosmos, rapport aux autres hommes.

L'interprétation de Michel Foucault ne s'arrête peut-être pas assez à ce qui constitue l'essence même du cynisme,

---

1. P. Hadot, *Exercices spirituels et philosophie antique*, *op. cit.*, *La philosophie comme manière de vivre*, p. 224 ; nouvelle édition, p. 299. Voir aussi *Mes livres et mes recherches*, p. 374-375.

du stoïcisme, de l'épicurisme : l'universalisme. Prendre conscience de soi comme partie de la Raison ou de la Nature, c'est s'inscrire dans le monde comme parcelle de l'universel et non célébrer les attraits d'une « nouvelle forme de dandysme version fin du XXe siècle »[1]. Pierre Hadot se refuse à dépouiller les Anciens de ce qui faisait leur propre, sous prétexte de se donner de fallacieux breuvages pour affronter l'adversité. Le mot « sagesse » n'est pas désuet, mais actuel, si on sait lui conférer l'authenticité d'un sens et d'une fonction : guérir ce qui, en nous, est malade, réconcilier ce qui semble séparé au dedans comme au dehors.

La dimension universaliste et cosmique que Michel Foucault n'a pas assez soulignée demeure un des points centraux de leurs divergences. Pierre Hadot a montré combien le moi prend son sens grâce à un universel qui le fonde, le structure, l'entoure et l'attend. Il ne s'appréhende pas comme le substitut d'une transcendance perdue, dans une autonomie achevée. Il ne tient pas debout tout seul, hors ou à côté de la toile cosmique ou politique, au sens du vivre ensemble.

À propos du moine Antoine qui conseillait de noter par écrit les actions et mouvements de l'âme comme s'il devait les faire connaître aux autres, Pierre Hadot souligne, comme Michel Foucault, la valeur thérapeutique du fait d'écrire[2], mais se refuse à parler d'une écriture du soi. Pas plus qu'il ne considère les *hypomnêmata* de cette manière, égo-

---

1. P. Hadot, *Réflexions sur la notion de culture de soi*, *op. cit.*, p. 331.
2. P. Hadot, *Exercices spirituels et philosophie antique*, *Exercices spirituels* et *« philosophie chrétienne »*, *op. cit.*, p. 69 et note 73. Pierre Hadot se fonde sur la *Vie d'Antoine* par Athanase, 924 B. Il reprend l'exemple et d'autres dans la nouvelle version de son ouvrage, publiée chez Albin Michel p. 327-330, confrontant son interprétation et celle de Michel Foucault.

centrée. Il s'agit pour lui tout simplement, d'une « erreur d'interprétation ».

Non seulement les *hypomnêmata* portent sur un déjà dit toujours présent et non passé, mais aussi parce que la mission de l'écriture consiste, par essence, à dépasser la sphère indivi-dualisée pour s'élever à l'universalité. Antoine ou Épictète, par exemple, ont l'idée d'un présent durable, transcendant le sujet qui écrit. Il n'y a pas « d'écriture de soi » à proprement parler, mais un désir cultivé, exercé, de parvenir, par l'entraî-nement, à « accéder à l'universalité de la raison dans le temps et dans l'espace. Pour le moine Antoine, la valeur thérapeu-tique de l'écriture consiste précisément dans ce pouvoir universalisant ».

Là se tient, sans doute, la plus importante ligne de clivage entre Pierre Hadot et Michel Foucault. L'intériorisation nécessaire à l'exercice de la sagesse est toujours dépassement de soi et universalisation. À ce titre, et seulement à ce titre, l'homme moderne peut se retrouver, selon Pierre Hadot, dans les exercices spirituels de l'Antiquité. Autrement, il consacre *de facto* leur vieillissement, leur désuétude, l'inactualité autant que la vanité, de leurs efforts. L'interprétation risque alors, insensiblement, de faciliter l'attrait du dévoiement.

Au fond, s'il fallait conclure, faisons-le avec Pierre Hadot[1]. La sagesse n'est « rien d'autre que la vision des choses telles qu'elles sont, la vision du cosmos tel qu'il est dans la lumière de la raison, et elle n'est aussi rien d'autre que le mode d'être et de vie qui devrait correspondre à cette vision ». L'essentiel n'est-il pas toujours simple? Et le simple le plus difficile ?

1. P. Hadot, *Exercices spirituels et philosophie antique, L'histoire de la pensée hellénistique et romaine, op. cit.*, p. 205 ; éd. Albin Michel, p. 269.

TABLE DES MATIÈRES

Imprimerie de la manutention à Mayenne (France) - Mai 2013 - N° 2087073H

Dépot légal : 2ᵉ trimestre 2013